독자의 1초를 아껴주는 정성!

세상이 아무리 바쁘게 돌아가더라도
책까지 아무렇게나 빨리 만들 수는 없습니다.
인스턴트 식품 같은 책보다는
오래 익힌 술이나 장맛이 밴 책을 만들고 싶습니다.

땀 흘리며 일하는 당신을 위해
한 권 한 권 마음을 다해 만들겠습니다.
마지막 페이지에서 만날 새로운 당신을 위해
더 나은 길을 준비하겠습니다.

독자의 1초를 아껴주는
정성을 만나보십시오.

미리 책을 읽고 따라해 본 2만 베타테스터 여러분과
무따기 체험단, 길벗스쿨 엄마 기획단,
시나공 평가단, 토익 배틀, 대학생 기자단까지!

믿을 수 있는 책을 함께 만들어주신 독자 여러분께 감사드립니다.

(주)도서출판 길벗 www.gilbut.co.kr
길벗이지톡 www.eztok.co.kr
길벗스쿨 www.gilbutschool.co.kr

회계

무작정 따라하기

회계 무작정 따라하기
The Cakewalk Series - Accounting

초판 발행 · 2019년 9월 5일
초판 2쇄 발행 · 2022년 5월 10일

지은이 · 권재희
발행인 · 이종원
발행처 · (주)도서출판 길벗
출판사 등록일 · 1990년 12월 24일
주소 · 서울시 마포구 월드컵로 10길 56(서교동)
대표전화 · 02)332-0931 | **팩스** · 02)322-0586
홈페이지 · www.gilbut.co.kr | **이메일** · gilbut@gilbut.co.kr

기획 및 책임 편집 · 오시정(lee@gilbut.co.kr) | **디자인** · 배진웅 | **제작** · 이준호, 손일순, 이진혁
영업마케팅 · 정경원, 최명주 | **웹마케팅** · 이정, 김진영 | **영업관리** · 김명자 | **독자지원** · 송혜란, 정은주, 홍혜진

편집진행 및 교정 이경숙 | **전산편집** 예다움 | **CTP 출력 및 인쇄** 예림인쇄 | **제본** 예림바인딩

ISBN 979-11-6050-890-1 13320
(길벗도서번호 070388)

정가 16,000원

. . . .

독자의 1초까지 아껴주는 정성 길벗출판사

(주)도서출판 길벗 | IT실용, IT/일반 수험서, 경제경영, 취미실용, 인문교양(더퀘스트) www.gilbut.co.kr
길벗이지톡 | 어학단행본, 어학수험서 www.gilbut.co.kr
길벗스쿨 | 국어학습, 수학학습, 어린이교양, 주니어 어학학습, 교과서 www.gilbutschool.co.kr

페이스북 · www.facebook.com/gilbutzigy | 트위터 · www.twitter.com/gilbutzigy

회계
무작정 따라하기

권재희 지음

길벗

회계 언어,
새로운 외국어를 시작하다

재무부서 신입사원 채용 중, "회계가 무엇인가?"라는 질문을 던진 적이 있습니다. 회계를 조금이라도 공부했거나 입사 준비를 해 본 사람이라면 누구나 기계적으로 "회계는 회사의 언어다"라고 대답합니다. 상투적이고 일반적인 답변이 계속되는 가운데 문득 '회계가 언어라는데, 국어, 영어와 같은 실제 언어와 얼마나 닮았을까?'하는 엉뚱한 의문이 들었습니다. 그리고 그 의문을 해소하는 과정에서 실제로 회계가 언어와 비슷한 부분이 많다는 것을 알게 되었습니다. 회계와 언어 모두 의사소통을 위해 사용되며, 고유의 문자(숫자)를 가지고, 일정한 문법 체계(회계기준) 아래에서 변화하는 사회현상을 반영하며 지속적으로 발전해 갑니다.

이 책은 회계가 '진짜' 언어, 그중에서도 새롭게 배우는 외국어라는 상상에서 시작되었습니다. 회계를 처음 접하거나 회계에 흥미를 잃은 독자들을 위해 일반적인 회계책과는 조금 다르게 구성해 보았습니다. 일반적인 회계책에서 회계기준과 회계처리를 배운다면 이 책에서는 회계를 쓰고 듣고 읽고 말하는 회계 언어 활동을 살펴보게 됩니다. 간단한 회계 문법과 유용한 회계 단어도 확인할 수 있습니다. 특히 회계 쓰기에서는 회계는 '누가, 언제, 어디서, 무엇을, 어떻게, 왜'라는 6가지 원칙에 따라 쓴다는 '회계 쓰기의 육하원칙'을 소개하였습니다. 회계 쓰기의 육하원칙은 실제 회계에서 사용되는 용어는 아니지만, 회계의 가장 기본적이고 중요한 6가지 원칙을 이해하고 기억하기 쉽게 정리해 본 것입니다. 이 원칙을 기억한다면 회계 전반을 이해하는 데 많은 도움이 될 것입니다.

외국어를 배우지 않아도 사는 데 지장은 없습니다. 다만 조금 불편할 뿐입니다. 그런데도 많은 사람이 힘들게 외국어를 배웁니다. 의사소통의 자유, 실제 생활이나 업무에서의 활용 측면뿐만 아니라 새로운 언어를 배움으로써 더 많은 기회를 얻을 수 있기 때문입니다. 그런 의미에서 회계는 언어와 많이 닮았습니다. 회계를 몰라도 사는 데 지장은 없지만, 회계를 알면 사는 게 편해집니다. 뉴스를 읽는 게 편해지고, 회사와 사업을 더 쉽게 이해할 수 있습니다. 더 나아가 재무 정보를 효과적으로 활용할 수 있게 됩니다. 더 많은 기회가 생기고 안목을 넓힐 수 있습니다.

회계 언어를 유창하게 구사하는 원어민이 있다면 이 언어를 처음 접하는 외국인도 있습니다. 이 책을 읽은 독자들이 회계 언어에는 회계 원어민이 사용하는 어려운 영역과 회계 외국인을 위한 쉬운 영역이 구분된다는 것을 알고, 어려운 회계에 대한 두려움을 내려놓을 수 있기를 바랍니다. 독자들이 이 책에서 다루고 있는 회계 언어 사용 순서에 따라 무작정 회계를 따라 해 보면서 일상에서 회계 언어를 편안하게 활용할 수 있게 되기를 기대해 봅니다.

식상하지 않은 회계책을 만들기 위해 많이 고민했습니다. 다양한 시도를 해 보고, 상상하면서 책을 쓰는 내내 지루하지 않고 즐거웠습니다. 부디 독자들도 이 책을 통해 가볍게 회계 언어를 즐길 수 있기를 소망합니다.

끝으로 언제나 든든한 힘이 되는 사랑하는 가족, 늘 응원해 주는 친구 이은정, 직접 찍은 사진과 번뜩이는 아이디어를 기꺼이 제공해 준 강자은 님, 항상 든든한 동료들인 오준성 상무님, 오미영 회계사, 유혜정 회계사, 금과옥조 같은 조언을 아끼지 않으시는 멘토 이진규 상무님, 박승찬 전무님, 박우성 상무님께 깊은 감사의 말씀을 전합니다.

저자 권재희

회계 언어,
회계에 대한
두려움 내려놓기

회계는 비즈니스의 언어라는 별명을 가지고 있습니다. 실제로 회계는 언어와 유사한 점이 많습니다. 회계가 마냥 어렵다면, 외국인이 외국어를 배우는 자세로 가볍게 접근해 보는 것도 많은 도움이 될 것입니다.

1

회계는 언어다,
회계는 외국어다

회계가 어렵게만 느껴지는 이유

많은 사람들이 회계를 시작하기 전부터, 회계를 배우면서, 회계를 배우운 후에도 회계가 어렵다고 생각합니다. 도대체 어디서부터 잘못된 것일까요?

대부분의 사람들이 회계를 처음 접하게 되는 것은 회계원리 과목을 수강하게 되면서부터일 것입니다. 따지고 보면 이 첫 만남에서부터 회계는 이미 어려웠습니다. 수업 시간의 대부분을 그 무지막지한 재무제표*를 만들면서 보냈기 때문입니다.

그렇다고 학교를 원망할 수도 없습니다. 학교는 많은 인재들을 길러내는 곳입니다. 학생이 장차 무슨 일을 하게 될지 모르니, 일단 필요한 모든 지식을 학생에게 알려 주고자 노력합니다. 그것이 학교의 소임이니까요. 그러다 보니 여기서 문제가 발생합니다. 회계사가 되거나 또는 재무부서에서 근무할 사람들만 알아도 될 두터운 회계 지식까지 일반 학생들에게 노출되어 버린 것입니다.

이렇게 무작정 회계의 세계에 던져진 사람들은 자연히 회계가 어렵다고 생각하게 됩니다. 그 세계에 빠졌던 지인에게 어렵다고 들었거나,

---

✱ 알아두세요

재무제표

재무제표는 회계를 통해 만들어 내는 '재무에 관한 보고서'입니다. 재무제표에 대한 자세한 내용은 뒤에서 차차 살펴볼 것입니다. 회계는 재무제표를 작성하고, 작성된 재무제표를 잘 활용하는 전반적인 과정으로 이해할 수 있습니다. 결국 재무제표가 회계의 시작과 끝인 셈입니다.

✱ 알아두세요
회계와 직접적으로 관계없는 일
재무부서 이외의 일반부서(마케팅, 기획, 법무, 인사, 영업, 개발, 보안 등) 업무, 변호사, 의사, 교사, 연구원, 디자이너, 예술가, 운동선수 등이 하는 일 등 헤아릴 수 없이 많음

회계와 직접적으로 관계된 일
회계사가 하는 일(회계감사, 회계실사, 세무조정, 기업가치평가 등), 재무부서 업무(재무제표 작성, 회계결산 등)

✱ 알아두세요
차변과 대변
회계에 종종 등장하는 회계 용어. 차변은 왼쪽, 대변은 오른쪽이라는 뜻입니다.

또는 우연히 열어 본 회계책의 빡빡한 숫자 나열에 지레 겁을 먹기도 합니다. 그런데 사실 회계에 겁먹을 필요는 전혀 없습니다. 왜냐하면 대부분의 사람들은 회계와 직접적으로 관계없는 일*을 하며 살아갈 것이기 때문입니다. 즉, 굳이 어려운 회계 공부를 하지 않더라도 살아가는 데 전혀 지장이 없다는 뜻입니다. 게다가 회계와 관계된 일을 하며 사는 경우에도 본인이 직접 재무제표를 다 작성하게 될 일은 거의 없습니다. 우리에겐 시스템이라는 막대한 지원군이 있기 때문입니다. 몇 가지만 처리하면 재무제표 자체는 뚝딱 만들어집니다. 우리는 그저 자료를 보고 중요한 판단만 할 줄 알면 되는 것입니다.

회계 전문가가 될 것이 아니라면 사실 간단한 원칙 몇 가지만 알아도 쉽게 회계를 사용할 수 있습니다. 그러니 막연한 두려움과 오해 때문에 무작정 어렵다고 회계를 피할 이유가 없습니다.

그런 의미에서 회계를 공부할 때 가장 우선되어야 하는 일은 차변과 대변*을 이해하거나 재무제표를 작성하는 것이 아닙니다. 회계에 대한 두려움에서 벗어나는 것이 먼저입니다. 그래야 시작이라도 할 수 있을 것이니 말입니다.

어려운 부분은 몰라도 된다고 과감하게 인정하고 넘겨 버리면 됩니다. 그리고도 이곳저곳 유용하게 써먹을 데가 많은 것이 바로 회계입니다.

회계는 비즈니스의 언어다

사람들은 오래전부터 회계를 비즈니스의 언어, 회사의 언어라고 여겨 왔습니다. 특히 투자의 귀재인 워렌 버핏이 17세 어린 소년과의 인터뷰에서 한 말이 유명합니다.

"회계는 비즈니스의 언어다."

버핏은 소년에게 회계를 배우라고 조언했습니다. 다른 외국어와 마찬가지로 완벽히 이해하고 사용하는 데 시간은 길리겠지만, 궁극적으로 비즈니스 세계에서 성공할 수 있는 주요 요소라고 말합니다.

나중에 배우겠지만, 회계를 알면 비즈니스와 회사에 대한 이해력이 높아집니다. 회사가 어떻게 굴러가는지, 회사의 과거는 어떠했고 현재는 어떻고 또 미래는 어떻게 될지 예상도 할 수 있게 됩니다. 그만큼 회계가 중요하다는 것이 버핏의 요지입니다. 다 좋습니다. 그런데 왜 회계가 비즈니스의 언어라는 것일까요?

공식적으로 회계는 '회사의 재무 정보를 측정하여 전달하는 과정'으로 정의됩니다.

회계는 회사의 재무 정보를 측정하여 전달하는 과정

이때 회계를 통해 측정된 정보는 주로 잘 만들어진 재무제표를 통해 전달됩니다.

재무제표는 회계를 통해 만들어진 회사의 재무에 관한 여러 가지 보고서들

회사는 재무제표를 통해 정보 이용자들에게 말을 겁니다. 재무제표를 구성하고 있는 문자는 재무제표를 작성한 회사의 국적에 따라 한글이나 알파벳, 한자가 포함될 수 있지만, 주로 숫자입니다. 숫자를 통해서 회사가 전하고자 하는 바는 명확합니다.

> **회사의 의사소통**
> "우리 회사의 재무상태는 이렇고요, 경영 성과는 또 이렇습니다."
> "(매출채권 회수가 잘돼서) 현금은 이만큼이나 증가했고요, (좋은 투자처가 있어서) 투자도 이만큼이나 했답니다!"
> "(매출이 성장해서) 이만큼이나 팔았고, (이익이 많다 보니) 법인세를 작년보다 더 냈습니다."
> "(구조조정으로 인해) 인건비가 작년보다 많이 줄었습니다."

비록 말로 표현할 수는 없지만 회사는 재무제표를 통해 이와 같은 이야기를 외부에 전달합니다. 이해관계자들은 재무제표를 분석함으로써 회사가 전하고자 하는 바를 확인할 수 있으며, 의사결정을 할 때 그 내용을 활용할 수 있습니다.

> **이해관계자의 의사소통**
> "회사가 빚도 별로 없고 담보로 잡을 만한 자산도 좀 있으니 대출을 해 줘도 떼일 염려는 없겠군!" (은행)
> "이익을 많이 낸 걸 보니 회사가 배당금을 더 줄 수도 있겠는걸?" (주주 또는 예비 주주)

이렇게 회사와 이해관계자 사이에 재무제표를 통해 서로 보이지 않는 의사소통이 이루어집니다. 그래서 회계가 비즈니스의 언어라는 별명이 붙었습니다.

나중에 살펴보겠지만, 회계에는 '회계기준'이라는 문법이 있고, 회계 용어라는 단어와 숙어가 있고, 숫자라는 글자도 있습니다. 또한 재무제표는 기업의 일생이라는 스토리도 담고 있습니다. 게다가 회사와 이해관계자들 사이에서 회계를 통해 활발한 의사소통이 이루어집니다.

이렇게 보니 단순히 별명만 비즈니스의 언어인 것이 아니라, 회계는 정말 언어와 유사한 구석이 많습니다. 언어는 언어인데 아직까지는 이해 불가인 언어이니, 외국어인 셈입니다.

회계 언어활동이란?

모든 언어에는 쓰기, 듣기, 읽기, 말하기라는 언어활동이 있습니다. 회계도 언어라고 했으니 이러한 언어활동이 당연히 존재합니다. 물론 공식적으로 그렇다는 것은 아닙니다. 다만, 회계에 대한 편견을 깨기 위해 이 책에서는 회계 언어활동을 다음과 같이 회계 쓰기, 회계 듣기, 회계 읽기 및 회계 말하기로 구분하였습니다.

① 회계 쓰기: 재무제표를 작성하는 활동

회계 쓰기는 재무제표를 작성하는 활동입니다. 재무제표는 회계의 꽃, 회계의 끝판왕이니 회계 교과서의 대부분은 이 회계 쓰기 활동을 설명하는 데 할애됩니다. 이 활동을 하는 사람들은 회계 단어와 숙어(회계 용어)를 적재적소에 사용하고, 회계 문법(회계기준)을 정확히 구사해야 합니다. 어려운 회계라고 하면 주로 재무제표를 작성하는 활동으로 회계 쓰기의 영역을 의미합니다. 회계 쓰기는 전문가들의 영역입니다.

회계 쓰기를 쉽게 해내고, 회계 언어를 유창하게 구사하는 전문가들을 '회계 원어민'이라고 부르도록 하겠습니다. 회계 원어민 이외의 회계를 잘 모르는 사람들, 회계와 크게 관계없는 사람들, 일반적인 사람들을 이른바, '회계 외국인'이라 부를 것입니다.

② 회계 듣기: 재무제표를 접하는 활동

학업이나 업무상, 투자를 위해, 단순한 호기심 때문에, 또는 우연히 재무제표를 접하게 되는 소극적인 단계를 회계 듣기라고 정의했습니다.

③ 회계 읽기: 재무제표를 이해하는 활동

만들어진 재무제표를 해석하고, 재무제표가 표현하고자 하는 바를 글자 그대로 이해하는 활동입니다. 회계 쓰기의 몇 가지 원칙을 파악하고 재무제표가 말하고자 하는 것이 무엇인지, 재무제표가 어떻게 생긴 것인지 등 전반적으로 재무제표를 이해할 수 있으면 됩니다. 회계 외국인에게 가장 유익한 단계입니다. 회계를 업으로 삼지 않는 이상 회계 읽기만 할 줄 알아도 회계로 인한 불편함은 덜 수 있습니다. 외국어를 그대로 해석하는 것과 비슷해 '재무제표 직역하기'라고 할 수 있습니다.

❹ 회계 말하기: 재무제표를 분석하고 활용하는 활동

재무제표를 읽은 후 이해한 바를 적극적으로 활용하는 활동입니다. 즉, 회계를 통해 회사에 대한 판단을 하고 활용하는 단계를 말합니다. 흔히들 말하는 재무제표 분석, 재무비율 분석 등이 여기에 속합니다. 외국어를 이해한 후 나만의 언어로 표현하는 것과 비슷하기 때문에 '재무제표 의역하기'라고도 할 수 있습니다.

회계 언어 사용 순서

사람들이 일반적으로 회계 언어를 처음 접하는 경로를 한번 짚어 보겠습니다. 보통 학생들은 회계원리 수업을 통해 차변과 대변을 맞추고, 재무제표를 작성하는 방법을 배우면서 회계의 존재를 인지하게 됩니다. 이 과정은 회계 언어활동 중 회계 쓰기에 해당합니다. 회계를 쓰려면 복잡한 회계 문법을 알아야 합니다. 한마디로 회계 쓰기는 어렵습니다.

그런데 회계를 시작하자마자 그 어렵다는 회계 쓰기를 먼저 배우게 되는 것입니다. 가장 어려운 회계 쓰기를 맨 먼저 접하게 되니, 많은 사람들이 회계를 접하는 동시에 회계를 멀리할 수밖에 없습니다.

아이들이 언어를 처음 배울 때를 생각해 봅시다. 누구도 아이들에게 문법부터 가르치지는 않습니다. 당연히 한글이나 알파벳을 먼저 가르치지도 않지요. "아빠" "엄마"를 시작으로 가족들과의 의사소통을 통해 언어를 익히게 됩니다. 글쓰기를 못하고, 문법에 맞지 않는 문장을 구사하더라도 아이들이 의사소통하는 데 지장이 없습니다.

회계 언어를 사용하는 것도 마찬가지입니다. 굳이 쓰는 방법을 먼저 배워야 할 필요는 없습니다. 회계 쓰기는 회계 원어민의 영역입니다. 즉, 회계 외국인은 몰라도 되는 분야입니다. 회계 외국인들이 알아야 하는 영역과 몰라도 되는 영역이 별개로 존재한다는 것을 기억하세요. 회계 외국인들은 아이들처럼 자연스럽게 회계 언어에 익숙해지는 게 우선입니다.

정리하자면, 회계 외국인들에게 회계 언어활동은 원어민들이 잘 써 놓은 재무제표(회계 쓰기)를 접하는 것(회계 듣기)에서 시작되어, 그것을 읽는 것(회계 읽기)으로 이어집니다. 이후 회계를 분석하고 활용하는 단계(회계 말하기)가 회계 언어 사용의 종착점입니다.

회계 언어 사용 순서(외국인을 중심으로)

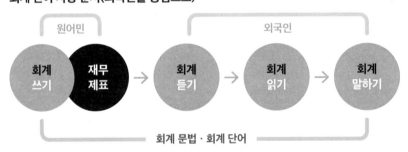

회계 외국인이여, 당당하라!

우리 모두는 회계에 있어 이방인이고 외국인입니다. 회계 좀 한다하는 전문가들도 처음에는 똑같은 외국인이었습니다. 회계 언어에 익숙해지고 공부를 좀 더 하다 보면 원어민에 근접한 수준으로 회계 언어를 구사할 수 있게 될 것입니다.

언어는 의사소통의 문제로 귀결됩니다. 약간의 회화만 할 줄 알면 해외여행을 편하게 다닐 수 있는 것처럼, 회계를 읽을 수 있으면 외국인 치고 회계 좀 한다는 소리 들으면서 편하게 생활할 수 있습니다. 또한, 회계를 읽을 줄 알면 회계를 왜 써야 되는지, 회계 문법이 왜 필요한지를 더 쉽게 이해하게 됩니다. 목적을 알고 회계를 공부할 수 있으니, 향후 더 어려운 회계를 배우게 되더라도 좋은 자극이 될 것입니다.

이 책은 회계를 처음 접하거나 포기해 본 적이 있는 회계 외국인을 위한 책입니다.

준비 마당에서는 회계 언어의 특징에 대해 간략히 살펴보게 됩니다. 이후 첫째 마당에서 회계 듣기, 즉 재무제표를 처음 접하게 되는 과정과 그 경로에 대해서 알아보고, 둘째 마당에서는 회계 쓰기의 가장 기본적인 원칙, 이른바 '회계 쓰기의 육하원칙'에 대해 공부합니다. 회계를 읽거나 말하려면 회계를 쓰는 원어민들의 창작 의도를 알아야 합니다. 그것을 이해하기 위한 수준의 간단한 내용을 먼저 살펴보는 것이니 어려운 회계 쓰기에 대한 부담을 가질 필요는 없습니다. 셋째 마당에서는 드디어 회계 읽기를 배웁니다. 재무제표를 있는 그대로 읽는 연습을 해 볼 것입니다. 넷째 마당에서는 회계 말하기를 통해 재무제표를 분석하는 방법을 엿볼 수 있습니다. 마지막으로 정리 마당을 통해 지금까지 배운 회계 언어를 실제로 적용하는 연습을 해 보겠습니다.

거듭 말하지만 모든 사람이 회계 쓰기에 능통할 필요는 없습니다. 회계 외국인들은 조금 서툴더라도 당당하고 똑똑하게 회계 언어를 사용할 수 있으면 됩니다.

이 책은 회계가 실제로 언어활동이 활발하게 이루어지는 언어라는 상상에서 시작되었습니다. 회계 언어를 이해하기 위해 회계 쓰기, 회계 듣기, 회계 읽기 및 말하기, 회계 문법과 회계 단어라는 용어를 사용하였습니다. 아래의 용어들은 이 책에서만 사용하기로 정한 것일 뿐, 실제로 회계학을 공부할 때나 회계 업무에서는 사용되지 않으니 착오 없으시기 바랍니다.

회계 언어의 정의

용어	정의
회계 쓰기	재무제표 작성하기
회계 듣기	재무제표 접하기, 재무제표 찾기, 재무제표 접근하기
회계 읽기	재무제표 있는 그대로 이해하고 해석하기
회계 말하기	재무제표 분석하기
회계 문법	기업회계기준, 회계를 쓰기 위한 약속과 규칙
회계 단어	계정과목, 회계에 등장하는 주요 용어

2

회계 언어의 기술 (1) 회계 숫자:
이상한 숫자가 답!

알아두면 도움되는 회계 언어의 기술

회계 언어를 사용할 때 기억해 두면 유용한 간단한 기술이 몇 가지 있습니다. 알고 보면 기술이라고 하기에는 너무 조잡하고 단순한 방법들이지만, 그만큼 회계를 쉽게 읽을 수 있다는 반증이기도 합니다.

회계 하면 가장 먼저 떠오르는 이미지가 무엇일까요? 바로 '숫자'입니다. 많은 사람들이 숫자를 보면 자동적으로 "머리가 아프다" "어렵다"고 생각합니다. 그래서 회계도 어렵겠거니 지레짐작하고 포기하는 사람들도 많습니다.

그런데 이것은 회계 입장에서는 살짝 억울한 부분입니다. 회계 외국인들이 회계에 등장하는 모든 숫자를 알 필요는 없기 때문입니다.

| 회계 언어의 기술 (1) |
이상한 숫자에 집중하기

재무제표에는 엄청난 양의 숫자들이 버글버글합니다. 숫자들끼리 먼저 봐 달라고 싸우는 것 같기도 하지요. 당연히 모든 숫자들이 재무제표에서는 각자의 의미를 가지고 있습니다. 어느 하나 허투루 볼 것이 없습니다. 그러나 회사에는 의미 있는 그 숫자들이 모든 사람들에게 다 중요한 것은 아닙니다. 재무제표 이용자들은 필요한 숫자만 챙겨 봐도 충분합니다.

물론 처음에는 어떤 숫자가 필요한 것인지 모를 수 있습니다. 그저 막막할 따름이지요. 그럴 때에는 '이상한 숫자'를 우선적으로 확인하면 됩니다.

이상한 숫자, 어떻게 찾을까?

여기서 '이상하다'는 것은 다양한 의미로 해석할 수 있습니다. 유난히 숫자가 크거나, 숫자의 변화 추세가 독특하거나, 다른 회사에 비해 특이한 경우 등 일반적인 상식에서 벗어난 것은 이상한 것입니다.

❶ 큰 숫자 먼저 확인하기

재무제표에 유독 큰 숫자들이 있으면 무조건 눈에 띌 수밖에 없습니다. 회계에서 다른 것보다 큰 것은 이상한 것입니다. 일단 큰 숫자를 중심으로 재무제표를 확인해 보세요.

❷ 독특한 변화 추세 확인하기

작년에 비해 유난히 많은 증감이 있거나 혹은 증감이 적은 경우에 집중합니다. 작년까지 매출이 10억이었는데 올해 매출이 100억이라면, 갑자기 매출이 많이 증가한 것으로 볼 수 있습니다. 즉 이상한 변화입니다. 왜 그런 변화가 생겼는지 궁금하지요? 이렇게 궁금증을 유발시키는 변화, 이상한 변화에 집중하세요.

❸ 다른 회사와 비교하기

동일한 업종의 다른 회사와 비교했을 때 유난히 크거나 작은 항목이 있는지 살펴봅니다.

아래는 지난달과 이번 달의 가계부를 약식으로 작성해 본 것입니다. 가지고 있던 돈 중에서 다 쓰고 남은 돈은 모두 300원으로 동일합니다. 잔액이 동일하니 큰 이상이 없는 걸까요? 이때 회계 언어의 기술이 적용됩니다. 바로 이상한 숫자, 이상한 낌새를 찾는 것!

▼ 지난달과 이번 달의 가계부

지난달		이번 달	
용돈 (+)	500	용돈 (+)	1,000
지출 (-)	100	지출 (-)	500
저축 (-)	100	저축 (-)	200
잔액 (=)	300	잔액 (=)	300

두 가계부를 비교해 보면 이번 달 용돈이 지난달에 비해 500원에서 1,000원으로 2배 증가한 것을 알 수 있습니다. 아니, 갑자기? 두 배나? 충분히 이상한 일입니다. 여기까지는 어렵지 않지요? 일단 여기까지가 중요합니다. 호기심이 많은 사람들은 도대체 이런 이상 현상이 왜 발생했는지 궁금할 수도 있습니다. 그렇다면 그 원인을 찾아내면 됩니다.

- **갑자기 로또 당첨이라도 된 것인가?**
  - → 그렇다면 돈을 아껴서 써야 한다.
  - → 어차피 일회성 용돈일 테니.
- **용돈이 인상된 것인가?**
  - → 그렇다면 소비 패턴을 조금 바꿔 봐도 된다.
  - → 지속적으로 같은 금액을 받게 될 테니.

지극히 정상적인 의문과 결론입니다. 이렇게 숫자의 이상함을 확인하는 것이 회계 읽기이고, 그 원인과 결과를 찾아내는 것이 회계 말하기입니다. 회계 말하기는 그 많은 숫자들 중에 조금 이상한 것을 찾아서 그런 유별남이 어디에서 왔는지 상상해 보는 데서 시작합니다. 굳이 모든 숫자의 의미를 일일이 파악할 필요는 없는 것입니다.

물론 이상하지 않더라도 기본적으로 확인해야 하는 숫자들도 있기는 합니다. 회사의 매출액, 영업이익, 당기순이익, 자산, 부채 등의 금액이지요. 이런 내용은 회계 읽기만 배우더라도 자연스럽게 챙길 수 있게 되니 이상한 숫자에 집중해 보세요. 다 알아야 하는 것도 아니고 이상한 것만 조금 찾아보면 되니 숫자에 대한 두려움 따위는 조금 내려놓아도 되지 않을까요?

회계
부식성
따라하기

3

회계 언어의 기술 (2) 회계 수식:
사칙연산이 전부다!

어려운 수식, 괴로운 수학의 추억은 잊자

회계를 하려면 어려운 수식을 많이 알아야 할까요? 회계에서도 수학처럼 복잡한 계산을 해야만 할 것 같다는 생각을 하는 사람들이 의외로 많습니다. 복잡한 계산과 수식이라는 막연한 두려움이 사람들로 하여금 회계를 어렵다고 느끼게 한 이유 중 하나입니다. 미분, 적분, 난해한 통계와 고통스럽게 싸웠던 지난날, 수학 시간의 괴로웠던 기억이 무작정 회계를 어려운 것으로 만들어 버렸을지도 모릅니다.

물론 여기에 후학 양성 임무에 충실한 학교와 회계학 교재의 역할이 한몫하기는 했습니다. 가령, 회계에 입문하면 초반에 배우는 개념 중에 현재가치*와 미래가치*라는 것이 있습니다. 처음 보는 낯선 개념인데다가 이 개념을 풀어 놓은 수식이 조금 골치 아픕니다. 예를 들면, 아래는 회계원리 교과서에 등장하는 연금의 현재가치를 구하는 공식입니다.

▼ 몰라도 되는 어려운 수식 예시(feat. 연금 현재가치)

$$V = \frac{R_1}{1+r_1} + \frac{R_2}{(1+r_1)(1+r_2)} + \cdots \frac{R_n}{(1+r_1)(1+r_2)\cdots(1+r_n)}$$

✽ 알아두세요

현재가치

미래의 일정한 금액을 현재 시점의 가치로 환산한 가치를 말합니다. 10,000원을 연 10% 이자율로 1년간 저금을 하면 1년 뒤 내가 받는 금액은 11,000원입니다. 이때 미래에 받을 11,000원의 현재가치는 오늘 현재 10,000원입니다.

✽ 알아두세요

미래가치

현재가치와 반대되는 개념입니다. 오늘의 일정한 금액을 미래 시점의 가치로 환산한 것이 미래가치입니다. 위의 예에서 현재 10,000원의 미래가치는 11,000원입니다.

수학과 거리가 먼 대부분의 사람들은 저 공식을 보는 순간 이미 불편해지기 시작합니다. 안타깝게도 회계 교과서를 공부하는 동안에는 이런 종류의 수식들(어렵고 복잡한 공식들)이 종종 눈에 띌 것입니다. 게다가 수업 시간에는 쌀집 계산기를 두드리며 위의 공식을 적용하여 직접 계산도 하게 될 것입니다. 그렇게 공부를 하니 회계가 어렵게 느껴질 수밖에 없습니다. 그러나 장담컨대, 위의 수식은 현실 세계에서는 몰라도 되는 공식입니다. 그냥 왜 회계가 어렵다고 느껴졌는지 한번 돌아보자는 차원에서 살펴본 것뿐이니까요.

언젠가 회계를 공부하다 보면 불현듯 깨달음이 올 것입니다.

"아, 그때 배웠던 공식이 이런 의미였구나."

회계의 모든 수식은 대부분 그렇습니다. 아무리 어려워 보여도 하다 보면 언젠가 그 의미를 알게 됩니다. 물론 깨달음이 오지 않는다고 해도 문제될 것은 없습니다. 요즘 세상이 어떤 시대입니까? 시스템이나 인터넷에서 툭툭 숫자 넣고 버튼만 누르면 현재가치든 리스료 계산이든 필요한 정보가 착착 나오는 세상입니다. 그러니 그 계산 로직을 이해하고 해석할 수만 있으면 충분합니다.

잠깐
만요 | 회계 친구, **쌀집 계산기**

회계 업계에서 사용하는 재무용 계산기를 보통 쌀집 계산기라고 부릅니다. 디자인이 예쁜 계산기와는 달리 많이 투박하게 생겼습니다. 공학용 계산기처럼 고차원적인 계산을 수행할 수는 없지만 숫자 패드가 큼직큼직하게 되어 있어서 단순한 계산을 할 때에 정말 유용합니다. 과거에 쌀집이나 상점 등에서 많이 사용해서 쌀집 계산기라고 부른다는 설이 있습니다. 예쁜 계산기도 좋지만 회계에서는 실용성이 최고입니다. 그래서 회계사 수험생들이나 회계사들, 회계와 관련된 부서에서 근무하는 사람들은 대부분 쌀집 계산기를 사용합니다.

사칙연산만 이해하면 된다

회계를 읽을 때 가장 중요한 수식은 바로 더하기, 빼기, 곱하기, 나누기입니다. 이 네 가지를 일컬어 '사칙연산'이라고 부르지요. 사칙연산 외의 수식은 회계에서 사치입니다. 회계를 읽기도 바빠 죽겠는데 그 어려운 수식을 언제 외우고 있겠습니까?

앞에서 보았던 용돈 가계부를 다시 소환해 보겠습니다.

지난달		이번 달	
용돈 (+)	500	용돈 (+)	1,000
지출 (−)	100	지출 (−)	500
저축 (−)	100	저축 (−)	200
잔액 (=)	300	잔액 (=)	300

가계부에 수식이라고는 더하기와 빼기, 등호만 있습니다. 이상한 숫자에 유의하여 이 가계부를 읽었던 것을 기억해 봅시다. 가계부를 읽는 것에 큰 문제는 없었지요? 사실 언급은 하지 않았지만 위의 가계부는 일종의 재무제표입니다. 여러분은 방금 사칙연산만 사용해서 무리 없이 재무제표를 읽은 것입니다.

회계를 읽을 때에는 사칙연산만 알면 됩니다. 회계 말하기에서 곱하기와 나누기가 특히 많이 활용될 것입니다. 규모가 다른 회사들 간의 재무제표를 비교하거나, 과거와 현재의 재무제표를 분석할 때(즉, 회계 말하기 또는 재무제표 분석) 나누기가 특히 유용하게 사용됩니다. 재무제표 분석이 어렵다고 하지만 그래 봐야 결국 나누기일 뿐입니다.

회계
무작정
따라하기

4

회계 언어의 기술 (3) 회계 용어:
상식으로 극복한다!

멀기만 한 회계 용어, 의외로 익숙한 것도 많다

회계가 어렵게 느껴지는 여러 원인 중 하나가 바로 낯선 회계 용어입
니다. 현재가치, 지분법, 기타포괄손익누계액, 충당부채 등 살면서 한 번
들어보기도 어려운 용어들이 튀어나오다 보니 회계가 어렵게 느껴질

---

^{잠깐}
^{만요} 회계의 탄생

역사상 유명한 상인 집단을
꼽자면 서양에서는 중세 유
럽 도시국가의 상인들이 있
습니다. 특히, 셰익스피어의
작품을 통해 익숙한 베니스
의 상인들(그림 참고)과 금
융업을 통해 막대한 부를

쌓은 피렌체의 메디치 가문이 유명합니다. 우리나라에서는 송도사개치부법이라는 고유
의 복식부기를 창안해 낸 개성상인을 들 수 있습니다.
동서고금을 막론하고 이들 상인들은 일찍부터 회계를 사용해 온 집단으로 알려져 있지
요. 장사를 하려면 사고파는 물건의 가격과 원가를 측정하고, 얼마나 벌었는지 이익을 파
악하는 것이 필수입니다. 그런 이유로 상인들은 자연스럽게 돈과 관련된 측정 도구를 필
요로 하게 됩니다. 이것이 바로 회계의 시작입니다.

수밖에 없습니다.

그런데 회계 용어 중에는 의외로 익숙한 단어들도 많습니다. 이것은 회계가 탄생한 배경에서 그 이유를 찾을 수 있습니다. 애초에 상인들이 장사에서 활용하다 자연스럽게 정리된 것이 회계입니다. 그러다 보니 일상생활에서 자연스럽게 사용하는 단어들이 회계 용어에도 그대로 등장할 밖에요.

| 회계 언어의 기술 (3) |

회계 용어, 상식으로 극복한다!

매출, 광고선전비, 접대비, 이자수익, 이자비용, 임대료, 임차료, 퇴직금이라는 용어들을 떠올려 봅시다. 대부분 이미 알고 있거나 일상생활에서 들어본 적이 있는 단어들일 것입니다. 그런데 사실 이 단어들은 모두 회계 용어입니다. 예컨대, 회계 용어로서의 임대료는 건물주가 부동산을 세입자에게 임대해 주고 세입자로부터 받은 월세수익을 말합니다. 우리가 아는 그 '임대료'와 같은 뜻이죠. 임차료는 세입자가 임대인에게 지급하는 월세를 말하고요. 이처럼 회계 언어는 상식이 통하는 언어입니다.

회계 용어들은 결국 두 가지로 구분할 수 있습니다. 무슨 뜻인지 모르는 용어이거나 또는 어디서 들어본 아는 용어이거나. 전자의 경우에는 어쩔 수 없습니다. 회계 언어를 열심히 익혀서 깨우칠 밖에요. 그러나 후자의 경우, 보자마자 자연스럽게 떠오르는 개념이 있을 것입니다. 그 개념은 대부분 회계 언어에서도 고스란히 적용됩니다.

한자 상식으로도 회계를 이해할 수 있다

한 가지 팁을 더 드리자면, 한자에 익숙하면 회계 용어를 이해하는 게 조금 더 빨라집니다. 아주 어려운 수준의 한자 지식이 필요한 것도 아닙니다. 그저 상식 수준의 한자 몇 개만 알면 회계 용어에 더 쉽게 익숙해질 수 있습니다.

예를 들어 보겠습니다. 회계 언어에는 '유형자산'이라는 항목이 있습니다. 회계 언어 밖에서는 잘 사용하지 않는 말일 수 있습니다. 유형(有形)이라는 한자어는 '형태가 있다'라는 뜻입니다. 그러므로 유형자산은 형태가 있는 자산이라는 의미가 됩니다. 컴퓨터, 건물, 자동차처럼 눈에 보이는 형태가 있는 자산이 바로 '유형자산'입니다.

한 가지 더 살펴보겠습니다. 형태가 있는 자산이 있다면, 형태가 없는 자산도 있을까요? 네, 있습니다. 영업권, 산업재산권*, 저작권* 등이 바로 눈에 보이는 형태는 없지만 당당히 자산으로 이름을 올리고 있는 것들입니다. '형태가 없는 것'을 한자로는 무형(無形)이라고 합니다. 그래서 회계에서는 형태가 없는 자산을 '무형자산'이라고 부릅니다.

잠깐만요 | 대표적인 무형자산, 영업권(Goodwill)

영업권은 대표적인 무형자산입니다. 무형자산에 속하는 만큼 영업권은 눈에 보이는 형태는 없습니다. 그렇지만 회사는 영업권을 독점적으로 사용하여 수익을 창출할 수 있습니다. 영업권은 한자 그대로 보면 '영업(營業)할 수 있는 권(權)리'라는 뜻입니다. 회사가 비슷한 형태의 다른 회사보다 더 많은 이익을 창출할 수 있다면 그 초과된 수익력을 일컬어 영업권이라고 합니다. 브랜드 인지도, 영업 노하우, 고객 리스트, 제조비법, 우수한 경영 능력, 좋은 입지 조건 등이 영업권을 구성한다고 볼 수 있습니다. 임차인이 다른 임차인에게 운영하던 가게를 넘기며 가게의 위치가 좋다는 등의 이유로 받는 권리금 등도 영업권의 일종입니다. 단, 회계에서는 회사가 내부적으로 개발한 영업권에 대해서는 자산으로 보지 않습니다. 언제 영업권을 취득했는지, 그 금액이 얼마인지를 객관적으로 확인할 수 없기 때문입니다. M&A(인수·합병) 등을 통해 회사가 돈을 주고 취득한 경우에 한해 영업권이라는 자산으로 인정합니다. 따라서 영업권이라는 자산이 있다면 그 회사는 과거에 다른 회사를 합병했거나, 혹은 다른 회사로부터 영업을 양수한 적이 있다는 뜻입니다.

다음은 일상생활에서 흔히 사용되면서 동시에 회계 용어로도 쓰이는 단어들입니다. 회계 언어의 기술에서 배운 것처럼, 알고 있는 상식을 동원하여 회계 용어의 뜻을 유추해 보세요. 어렵게 생각할 필요는 전혀 없습니다. 상식을 체크해 본다는 마음으로 가볍게 단어의 뜻을 생각해 보면 됩니다. 단어를 처음 본 순간 머릿속에 떠오르는 그 뜻이 대부분 회계 용어에서도 그대로 적용되니까요.

> • 재무상태표, 손익계산서, 자본변동표, 현금흐름표
> • 현금 및 현금성자산, 재고자산, 대여금, 선수금, 선급금, 미수금, 미지급금, 차입금, 투자부동산
> • 배당금수익, 이자수익, 채무면제이익
> • 급여, 복리후생비, 세금과 공과, 접대비, 이자비용

단어들의 뜻을 하나하나 생각해 보았다면 이제 아래의 내용과 비교해 봅시다.

* * *

상식으로 유추해 본 회계 용어의 정의

용어	정의
재무상태표	재무상태에 관한 표
손익계산서	손실과 이익을 계산한 표
자본변동표	자본변동에 관한 표
현금흐름표	현금흐름에 관한 표

앞으로 배우게 될 재무제표들입니다. 재무상태나 손익계산, 자본변동, 현금흐름에 대해 정확히는 모르더라도 어쨌든 그런 것들과 관련된 표라는 것은 바로 알 수 있습니다. 이렇게 상식으로 이름에 익숙해진 뒤, 각각의 내용은 차차 확인하면 된다는 여유 있는 마음을 갖는 것이 중요합니다.

용어	정의
현금 및 현금성자산	현금 및 현금 성격을 띤 자산
재고자산	창고(庫)에 있는(在) 자산, 백화점 '재고정리' 기간에 팔려고 내놓은 그 '재고'
대여금	남에게 빌려준 돈
선수금	먼저(先) 받은(受) 돈
선급금	먼저(先) 지급한(給) 돈
미수금	아직 못 받은(未受) 돈
미지급금	아직 지급하지 않은(未支給) 돈
차입금	남에게 빌린 돈
투자부동산	시세차익을 얻기 위하여 보유한 부동산

재무상태표에 등장하는 용어들입니다. 현금이라는 말을 모르는 사람은 없습니다. 재고나 대여금, 선수금, 미수금도 웬만하면 일상생활에서 다 쓰는 말이지요. 아니면 적어도 간단한 한자에 대한 이해만으로도 대충 위의 단어들이 무슨 의미인지 유추할 수 있습니다. 그렇게 대충 떠올린 뜻이 회계에서도 그대로 통합니다.

용어	정의
배당금수익	배당으로 번 돈
이자수익	이자로 번 돈
채무면제이익	빚을 면제받아 생긴 이익

손익계산서에 등장하는 용어로 회사가 번 돈(수익)을 의미하는 단어들입니다. 배당이나 이자가 무엇인지는 누구나 아는 내용입니다. 그리고 그 내용 그대로 회계 용어로 사용하면 됩니다. 참고로 회계 용어 중에서 '수익' '이익' 또는 '익(益)'이라는 단어가 붙어 있는 것들은 몇 가지 예외 사항을 제외하고는 대부분 회사가 번 돈(수익)과 관계가 있습니다.

(예외: 미수수익, 선수수익 등*)

- **미수수익**: 아직 받지 못한 수익. 미래에 뭔가를 받을 권리이므로 회사의 자산
- **선수수익**: 먼저 받은 수익. 미래에 돈을 지급할 의무를 부담하므로 회사의 부채

✱ 알아두세요 ─────
미수수익, 선수수익, 미지급비용, 선급비용 등의 예외 사항들은 회계 언어에서 조금 어려운 분야에 속합니다. 여기에서 바로 이해가 되지 않더라도 너무 부담을 가질 필요는 없습니다.

용어	정의
급여	임직원에게 급여, 수당 등의 명목으로 지출하는 비용
복리후생비	임직원의 복리후생을 위해 지출하는 비용
세금과 공과	세금과 각종 공과금
접대비	사업상 지출한 접대 목적의 비용(고객과의 식비, 고객에게 지급한 축의금 · 명절 선물비 등)
이자비용	돈을 빌리고 은행에 갚는 이자

→ 손익계산서에 등장하는 용어들입니다. 보통 접대비, 복리후생비, 관리비 등과 같이 '비(費)'라거나, 이자비용에서처럼 '비용(費用)'이라는 말이 붙으면 회사가 쓴 돈인 비용을 의미하는 경우가 많습니다. 접대비는 접대 목적으로 쓴 돈, 복리후생비는 복리후생을 목적으로 쓴 돈, 관리비는 관리를 위해 쓴 돈이라는 식으로 말이지요. (예외: 개발비, 미지급비용, 선급비용 등)

- **개발비**: 개발에 쓴 돈이므로 보통은 비용이나 자산성이 있을 때는 자산
- **미지급비용**: 아직 지급하지 않은 비용(비용은 발생했는데 지급 전). 회사에서 지급할 의무를 부담하므로 부채
- **선급비용**: 먼저 지급한 비용(비용은 발생 전)이라는 의미에서 자산

첫째 마당

• • • • • •

회계 듣기, 이미 회계를 듣고 있었다

회계 듣기는 재무제표를 접하는 활동을 의미합니다. 우리는 모두 일상생활에서 이미 회계를 충분히 듣고 사용해 왔습니다. 어차피 사용하는 회계 언어라면 좀 더 적극적으로 회계를 들어보면 어떨까요? 회계 언어는 아주 가까운 곳에 있습니다.

✔

회계 듣기의 이해

이미 누구나 회계를 듣고 있었다

회계 듣기는 회계 쓰기, 듣기, 읽기, 말하기의 네 가지 회계 언어활동 중에서 가장 편하고 수동적이며 쉬운 활동입니다. 이 책에서 회계 듣기는 '재무제표를 접하는 활동'으로 정의한 바 있습니다. 실제 재무제표를 접하게 되는 과정이 언어나 소리를 듣는 과정과 유사한 점이 있기 때문입니다.

영어를 좋아하는 사람들은 기꺼이 즐겁게, 구석구석 찾아다니며 영어를 듣습니다. 반면에 듣기 싫은데도 불구하고 어쩔 수 없이 영어를 들어야 하는 상황도 있습니다. 이런저런 이유로 영어 시험을 봐야 한다거나, 또는 해외여행을 갔을 때, 업무상 외국인과 대화를 해야 하는 경우 등에 있어서 우리는 영어의 뜻을 이해하고자 악착같이 듣습니다. 심지어 학원을 다니거나 전화영어를 하는 등 돈을 지불하면서까지 영어를 들으려고 애씁니다. 그런데 어떤 경우에는 그저 영어가 들리기에 아무 생각 없이 듣기도 합니다. 틀어 놓은 텔레비전에서 우연히 영어가 흘러나올 수도 있고, 지나는 길에 외국인 관광객이 갑자기 영어로 말을 걸 수도 있습니다. 사실 우리는 일상생활에서 이미 수많은 영어들을 숨 쉬듯 자연스럽게 듣고 있습니다. 컴퓨터, 키보드, 땡큐, 굿모닝, 커피, 아이돌, KTX, 브런치 등등이 모두 영어로 된 단어들이니 말입니다.

자발적으로, 어쩔 수 없이, 또는 우연히, 자연스럽게 듣게 되는 것이 일반적인 언어 듣기의 모습입니다. 회계 듣기도 마찬가지입니다. 스스로 재무제표를 찾아서 접하는 경우도 있고, 시험이나 취업 준비를 위해, 또는 업무 수행을 위해 어쩔 수 없이 회계를 들어야 하는 경우가 있습니다. 그리고 그보다 훨씬 많이 뉴스나 수업, 업무, 또는 일상생활에서 우연히, 매우 자연스럽게 회계를 듣고 있습니다.

알고 보니 생활 속 깊이 침투한 회계

회계 언어는 꽤 오래전부터 우리의 일상생활에 뿌리내려 있었습니다. 가계부나 통장도 재무제표의 일종이니 가계부를 펼쳐 보거나 은행에서 계좌를 개설하는 그 순간에 이미 회계를 접하게 됩니다. 즉, 이미 회계를 듣고 있었습니다.

특히, 회계는 재무 정보, 즉 돈과 관련된 정보를 측정하여 전달하는 과정입니다. 그런 의미에서 우리는 가계부를 적거나 배낭여행 계획을 세울 때, 요리를 하려고 장을 볼 때도 회계를 듣고 읽고 말하고 심지어 쓰고 있습니다.

가계부와 통장은 가장 가까이 있는 재무제표

재무제표는 '재무와 관련된 보고서'입니다. 재무(財務: 재산에 관한 일)는 결국 돈을 의미합니다. 따라서 한 달 생활비를 어떻게 썼는지 그 돈의 사용 내역을 기록하는 가계부는 당연히 재무제표입니다. 통장은 현금의 입금과 출금을 날짜순으로 기록해서 보여 주는 서류이니 두말할 나위 없이 재무제표이지요. 이처럼 재무제표는 우리 삶에서 그렇게 멀리 있는 것도, 어려운 것도 아닙니다.

가계부가 개인이 쓴 재무제표라면 이 책에서 주로 살펴볼 것은 '회사가 쓴 재무제표'입니다. 회사가 작성한 재무제표, 어렵다고 치면 한없이 어렵지만, 부담 없이 접근하면 가계부처럼 크게 어려울 것도 없습니다. 더구나 우리는 회사가 쓴 회계도 일상생활에서 심심찮게 듣고 있습니다. 바로 뉴스를 통해서 말이지요.

해마다 1월이나 2월이 되면 신문의 경제면은 각 회사들의 전년도 실적 발표 기사로 가득합니다.

> A주식회사는 2018년 실적으로 매출 243조 7,700억 원, 영업이익 58조 8,900억 원을 기록했다고 31일 공시했다. 매출과 영업이익은 전년 동기 대비 1.75%, 9.77%씩 늘었다. 이에 따라 A주식회사는 2017년에 이어 2년 연속 사상 최대 실적을 경신했다.

> B주식회사는 2018년도 매출액 97조 2,516억 원, 영업이익 2조 4,222억 원을 각각 기록했다고 밝혔다. 전년과 비교해 매출은 0.9% 늘었으나 영업이익은 47.1%나 감소한 것이다.

회계 언어를 모르면 그저 듣고 말 기사들입니다. 그런데 자세히 보면 저 기사들은 회사가 작성한 재무제표를 토대로 작성된 것입니다. 그렇기 때문에 기사를 읽은 독자들은 본의 아니게 재무제표를 접하게 됩니다(이런 종류의 기사들은 생각보다 많습니다).

뒤에서 살펴보겠지만 매출액은 회사가 영업 활동으로 번 돈, 영업이익은 회사가 번 돈에서 영업 활동으로 쓴 비용을 빼고 남은 돈을 의미합니다. 그러니 위의 기사들은 회사가 얼마나 벌었고, 얼마나 남겼는지를 알려 주고 있습니다. 회계를 읽고 말할 수 있다면 재무제표를 찾아보지 않더라도 해당 회사의 실적을 구체적이고 명확하게 파악할 수 있는 것입니다.

실적 발표처럼 직접적으로 회계를 전달해 주는 기사뿐만 아니라 사회적으로 큰 이슈가 된 기사를 통해서도 회계를 들을 수 있습니다. 회계로 인해 발생하는 사건·사고들이 많다 보니 다양한 분야의 기사들에서 회계를 듣게 되는 것입니다. 상장회사의 주식거래가 정지된다거나, 대기업 총수가 모든 책임을 지고 일선에서 물러난다는 것은 사회적으로 큰 이슈가 되는 사건들입니다. 다음 기사를 한번 볼까요?

> C그룹 회장인 X회장은 지난달 말 "모든 책임을 지고 퇴진하겠다."고 밝혔다. C그룹 자회사인 D사의 한정 감사보고서 파문 등 금융시장 혼란을 초래한 것에 대해 책임을 지고 대표이사와 등기이사직을 내려놓기로 한 것이다.

> D사는 대기업으로서는 이례적으로 감사의견 '한정'을 받았다. D사의 외부감사인인 E회계법인은 "D사의 충당부채 회계 처리에 대해 충분하고 적합한 감사 증거를 입수하지 못했다."고 설명했다. 한정 감사의견으로 인해 D사의 주식거래가 정지됐다.

이 일련의 사건들은 D사가 '충당부채에 대한 회계 쓰기'를 하면서 감사인을 설득할 만한 증거를 제시하지 못했기 때문에 벌어졌습니다. 충당부채*가 무엇인지를 알고 있다면 위의 기사를 이해하고, 대기업 총수가 퇴진까지 하게 된 일련의 사건에 대해 보다 명확하게 이해할 수 있을 겁니다.

✱ 알아두세요

충당부채

실제로 지출하게 될 금액이나 지출해야 되는 시기는 불명확하지만 그 지급 행위가 일어날 가능성이 높은 경우, 그 빚을 미리 기록해 두는 부채 항목입니다.

회계 문법을 잘 반영했나? **감사의견**

외부감사인(공인회계사)은 회사의 재무제표가 회계 문법에 따라 공정하게 작성되었는지 살펴본 후(감사, 외부감사, 회계감사), 재무제표에 대한 감사의견(4가지)을 표명합니다.

- **적정의견**: 재무제표가 회계 문법에 따라 적정하게 작성된 상태
- **한정의견**: 재무제표가 전반적으로 적정하게 작성되긴 했지만 일부 감사를 하지 못한 내용이 있거나, 몇 가지 사항이 회계 문법을 따르지 않은 상태
- **부적정의견**: 회계 문법을 따르지 않아 재무제표가 많이 왜곡된 상태
- **의견거절**: 제대로 재무제표를 확인하지 못했거나 중대한 문제가 있어 이견을 낼 수 없는 상태

상장회사인 경우, 적정의견 이외의 감사의견을 받으면 주식거래가 정지됩니다. 회계로 인한 문제들이 일정 기간 동안 해소되지 않은 경우, 상장 폐지가 될 수도 있습니다.

회계 듣기 포인트 찾기

다음 기사들을 보고 회계 듣기가 어디에서 이루어지는지, 회계 듣기 포인트를 직접 찾아보는 연습을 해 봅시다. 기사를 읽고 어떠한 뜻인지 생각해 본 후, 아래 '회계 듣기 포인트'를 읽고 나의 생각과 실제 해석이 일치하는지 점검해 보세요.

기사 1) 문제 제기: 전력 공기업 부채 비상

국내 7개 전력·발전 공기업 부채가 올 1분기에만 7조 원 가까이 늘어난 건 회계기준 변경과 정부의 안전 규제 강화에 따른 설비 투자 등으로 차입금이 급증해서다. 7개 사 중, 6개 사는 모두 흑자를 냈는데도 부채비율이 되레 높아졌다. 이들 공기업은 정부 방침에 따라 태양광 등 신재생에너지 투자를 확대할 계획이어서 빚이 눈덩이처럼 불어날 전망이다.

F발전의 지난 3월 말 기준 부채는 총 8조 3,443억 원으로 집계됐다. 작년 말(7조 4,050억 원) 대비 9,393억 원 늘었다. 3개월 만에 12.7% 증가한 것이다. 이 회사 부채비율은 같은 기간 192.0%에서 210.3%로 높아졌다. 안정선으로 평가받는 150%를 한참 웃도는 수치다. G전력과 H발전의 부채비율은 172.6%, 169.9%였다.

국내 공기업의 부채가 위험한 수준으로 증가했다는 내용입니다. 정부 정책에 따라 투자를 확대해야 하는 상황인 바, 공기업의 부채 규모는 더욱더 커질 것으로 예측하고 있습니다.

기사 2) 해명: 회계기준 변경이 주요 원인

> □ 부채가 증가한 것은 국제회계기준 변경이 주요 원인임.
> o 전년 동기 대비 증가한 부채 7.1조 원 중 약 70%인 4.6조 원은 국제회계기준 개정으로 비용 처리하던 기존 리스계약(장기운송계약, 임차계약 등)을 부채로 계상함에 따라 증가한 것이며, 추가비용이 발생한 것은 아님.
> o 또한, 지난 분기 대비 부채비율은 다소 상승했지만, 해외 주요 전력유틸리티 기업들과 비교 시 부채비율은 여전히 낮은 수준이며, 재무 건전성 유지를 위해 재무 개선 노력 등을 추진 중임.

기사 1과 관련하여, 관련 부처인 산업자원부에서 해명자료를 냈습니다. 전력 공기업의 부채가 증가한 것은 (정부의 정책 때문이 아니라) 회계기준 변경 때문이라는 취지의 자료입니다.

＊　＊　＊

회계 듣기 포인트

기사 1) 부채비율(=부채÷자기자본×100)이 전년도에 비해 증가했고, 일반적으로 안정적이라 평가받는 수준을 상회하므로 좋지 않은 상황이라는 분석을 내놓았습니다. 부채비율이 높다는 것은 회사가 채무불이행 위험에 처할 가능성이 높다는 의미입니다. 빚을 갚지 못하면 부도가 날 수밖에 없으니 부채비율이 높다는 것은 좋지 않은 신호입니다.

기사 2) 부채가 증가한 주된 이유는 회계 문법(회계기준)이 변경되면서 회계 쓰기 방법을 바꿨기 때문입니다. 기존에는 비용으로 기록했던 것을 변경된 회계기준에 따라 부채로 기록하게 되면서 부채비율이 증가한 것처럼 보일 뿐, 실질적으로 달라진 것은 없다는 내용입니다. 아울러 공기업들의 부채비율은 해외의 주요 경쟁사들과 비교했을 때 낮은 수준임을 강조하고 있습니다.

6

무엇을 들으라고?:
재무제표가 도대체 뭐길래

재무제표, 넌 누구냐!

회계라는 언어를 사용한다는 것은 결국 재무제표를 쓰고, 재무제표를 듣고, 재무제표를 읽는 것을 말합니다. 재무제표가 회계의 시작이자 끝이라는 이야기입니다. 자, 그렇다면 일단 재무제표가 무엇인지를 알아야 그것을 쓰거나, 듣거나, 읽거나 하겠지요?

결론부터 말하자면 재무제표란 공식적으로 재무상태표, 손익계산서, 현금흐름표, 자본변동표 및 주석이라는 총 5가지의 보고서를 말합니다. 이 5종의 서류만 읽을 수 있으면 회계 언어를 구사할 수 있게 됩니다.

• 재무제표: 재무상태표, 손익계산서, 현금흐름표, 자본변동표, 주석

벌써부터 재무상태표, 손익계산서라니 외계어가 따로 없지요? 하지만 겁먹을 필요는 전혀 없습니다. 회계에 대한 두려움을 내려놓기 위한 회계 언어의 세 번째 기술이 무엇이었는지 떠올려 봅시다. 바로 "회계 용어, 상식으로 극복한다!"입니다.

'짜장면'이라는 단어가 '짜장'이 들어간 '면'이라는 것 정도는 누구나 알 수 있습니다. 설령 짜장이 무엇인지 모르고, 짜장면이 어떤 맛인지

모르더라도 말이지요. 마찬가지입니다. 지금 당장 재무제표를 읽을 수는 없을지라도 재무제표가 무엇인지 정도는 상식만 가지고도 충분히 알 수 있습니다. 여기에서 필요한 것은 딱 그만큼의 '상식'입니다.

재무제표는 한자로 '財務諸表'라고 씁니다. 한자로 적어 놓으니 더 어려워 보이고, 뭔가 심오한 뜻이 담겨 있을 것 같지요? 그러나 그 뜻은 정말 별거 없습니다. 한자 그대로 해석하면 '재무(財務)에 관한 모든(諸) 서류(表)'라는 뜻입니다. 즉, '재무 관련 여러 서류들'입니다. 영어로는 'Financial Statements'라고 하는데 줄여서 'FS'라고도 많이 부릅니다. 역시 '재무에 관한 문서들'이라는 뜻입니다. 그러니 재무제표 읽기라고 하면 '재무에 관한 여러 서류들을 읽는 것'이라는 의미가 되지요.

재무에 관한 문서는 참 많습니다. 그중에서도 위에서 언급한 5종의 문서가 공식적인 재무제표로 손꼽힙니다. 특히 재무상태표와 손익계산서는 회계의 시작이자 끝입니다. 이 두 가지를 알면 다른 재무제표를 읽고 말하는 것은 순조롭습니다.

준비 마당에서 재무상태표와 손익계산서의 의미를 다음과 같이 상식으로 유추해 본 바 있습니다.

- 재무상태표: 재무상태에 관한 표
- 손익계산서: 손실과 이익을 계산한 표

'재무상태'는 말 그대로 '회사의 일정시점(현재)의 재무상태'를 의미합니다. 재무(財務)는 한자 그대로 '재산에 관한 일'이라고 했습니다. 그러니 재무상태표는 현금이나 부동산과 같은 재산이 얼마나 있는지(자산 상태), 빚은 얼마나 지고 있는지(부채 상태) 등에 대한 내용을 보여 주는 표라는 의미입니다.

손익계산서는 일정 기간 동안 회사가 이윤을 얼마나 남겼는지, 경영 성과를 알려 주는 보고서입니다.

특히 손익계산서는 매우 직관적으로 쓰인 보고서이므로 이해하기가 크게 어렵지 않습니다. 결국 재무상태표라는 능선만 넘으면 회계 언어도 금방 정복할 수 있다는 말씀! 재무제표에 대한 자세한 내용은 회계 읽기와 회계 말하기에서 상세히 살펴보겠습니다.

잠깐만요 재무제표와 배우자의 경제력 평가하기

결혼을 앞둔 배우자의 경제력을 평가할 때 우선순위를 어디에 두는지에 따라 살펴봐야 할 요소들이 달라집니다. 예컨대, 재산을 중요시한다면 현금이나 부동산 목록을 살펴봐야 하고, 능력을 중요시한다면 월급명세서와 가계부, 자격증 유무 등을 확인해 봐야 합니다. 이때 확인하는 항목들은 아래와 같이 각각의 재무제표와 유사한 점이 있습니다. 재무제표에 대한 이해를 돕기 위해 재미 삼아 읽어 봅시다.

백수여도 건물주면 괜찮아! 가진 재산이 얼마나 되는지 판단할 때, '재무상태표'

매월 직장에서 버는 돈이 얼마 되지 않더라도, 부동산이나 현금을 많이 가지고 있는 것이 중요하다고 생각할 수 있습니다. 특히 부동산을 보유하고 있다면 전세난민으로 떠돌아다니거나, 비싼 월세에 허덕이며 살지 않아도 되니까요. 더구나 가지고 있는 현금이나 부동산을 활용해서 매월 버는 돈을 늘려 나갈 수도 있습니다. 물론 감당할 수 없을 만큼 많은 대출을 받고 있는 건 아닌지도 꼼꼼히 따져 봐야 합니다. 매월 높은 이자를 부담해야 할 뿐더러 대출을 연체하게 되면 차압이 들어올 수도 있으니까요. 이렇게 가진 재산과 대출 유무를 확인하고 싶을 때 유용한 것이 바로 자산과 부채 상태를 한눈에 보여 주는 재무상태표입니다.

뭐니 뭐니 해도 본인의 능력이 중요하지! 얼마나 버는 사람인지를 판단할 때, '손익계산서'

손익계산서는 벌어서 쓰고 남은 돈이 얼마인지를 보여 주는 재무제표입니다. 배우자의 손익계산서를 본다는 것은 월급으로 얼마나 버는지(수익), 얼마나 아껴 쓰는지(비용)를 따져 보겠다는 뜻입니다. 즉, 개인의 능력을 보겠다는 의미이기도 합니다. 매년 이만큼의 돈을 번다면 미래에 얼마나 벌 수 있는 사람인지에 대한 예상도 가능해집니다.

금수저가 최고다! 가족의 재무상태와 손익을 판단할 때, '연결재무제표'

일반 직장인이 다른 도움 없이 본인의 월급만으로 내 집 마련을 하는 일이 불가능에 가까운 시대입니다. 이런 상황이다 보니 배우자 부모의 경제력이 중요하다는 우스갯소리를 많이 합니다. 부모님이 가진 재산, 부모님의 매월 수익 등을 따져 보겠다는 것이지요. 이럴 때 유용한 것이 연결재무제표*입니다. 한 회사가 다른 회사를 지배하고 있을 때, 두 회사는 경제적인 측면에서는 한 회사인 것과 같습니다. 경제적으로 동일한 실체인 두 회

✱ 알아두세요
연결재무제표
연결재무상태표, 연결손익계산서, 연결현금흐름표, 연결자본변동표, 주석으로 구성되어 있습니다.

사의 재무제표를 통합하여 하나로 표시하는 것이 바로 연결재무제표입니다. 연결재무상
태표에는 부모님과 자녀, 즉 경제공동체인 한 가족의 자산과 부채가 통합되어 표시됩니
다. 마찬가지로 연결손익계산서에는 가족 구성원이 번 돈, 쓴 돈, 남긴 돈을 합쳐서 하나
로 보여 줍니다.

7

회계를 왜 들어야 할까

어쩌다 처음 회계를 들었다

사람들은 주로 경영학이나 회계학 수업 시간, 뉴스, 취업 후 회사 업무 등을 통해 재무제표를 처음 접하게 됩니다. 어떤 대학에서는 전공과 상관없이 졸업을 위해서는 무조건 회계학 과목을 필수로 이수해야 한다고 합니다. 이 학교의 학생들은 어쩔 수 없이 학교에서 처음 회계를 듣게 되겠네요.

취업을 하거나 사업을 하는 등 경제활동을 하다 보면 언젠가 한번은 반드시 회계를 듣게 됩니다. 재무부서에 근무하지 않는 경우에도 예외는 없습니다. 회사가 회계 언어를 사용해 회사의 사업에 대한 모든 것을 기록하기 때문입니다. 소모품을 구입했을 때, 직원을 채용하고 월급을 줄 때, 제품을 판매하고 현금을 받았을 때, 홍보 행사를 하고 대행업체에 대금을 지불할 때, 이 모든 거래가 회계 언어로 기록됩니다. 또한 마케팅 전략을 세울 때, 실적을 확인하거나 예산과 비교할 때, 인력 채용 계획을 세울 때, 다른 회사를 합병하려고 할 때 등등 회사에서 어떤 계획을 수립하고 시행할 때 반드시 숫자 정보를 활용하게 됩니다. 회사에서 사용하는 모든 숫자는 회계 언어를 사용하여 작성합니다. 그러니 회계를 한번은 들을 수밖에요.

회사에 취업하지 않고 창업을 하는 경우에도 마찬가지입니다. 개인사업자는 1년에 한 번 종합소득세 신고를 하게 됩니다. 사업자들은 기본적으로 세금 신고 목적으로 재무제표를 세무서에 제출*해야 합니다. 본인이 재무제표를 직접 작성하든 아니면 회계·세무사 사무실에 일임하든 간에 재무제표를 접하게 됩니다.

✽ 알아두세요
소규모 사업자인 경우에는 재무제표를 작성하는 대신 번 돈의 일정 비율을 비용으로 인정받는 방식으로 간편하게 세금 신고를 할 수 있기는 합니다. 이 경우에도 실무적인 편의를 봐 주는 것일 뿐, 기본적으로 재무제표 작성 의무를 부담한다는 점에서는 같습니다.

회계를 들어야 하는 이유

사실 회계를 듣는 이유가 그렇게 거창할 필요도 없습니다. 가깝게는 취업이나 이직을 고민할 때, 내가 일하고자 하는 회사를 알기 위한 수단으로도 회계 언어는 매우 유용합니다. 재무제표를 보면 회사가 언제 설립되었고, 어떻게 성장해 왔는지 그 역사를 알 수 있습니다. 또한 회사의 주요 사업은 무엇인지, 회사의 실적은 어떠한지, 최근에 회사가 소송사건에 휘말린 적은 없는지 등등 다양한 정보를 확인할 수 있습니다. 물론 인터넷이나 홈페이지에서도 많은 정보를 구할 수 있지만, 그 많은 정보들의 원천은 사실상 재무제표인 경우가 많습니다.

재무제표에는 면접에서 활용할 만한 소재도 정말 많습니다. 해당 회사의 재무제표를 접해 보았다면 단순히 좋은 회사여서 지원했다고 말하기보다는 회사의 최근 2년간 매출액과 영업이익이 증가 추세에 있어 성장 가능성도 높은 것으로 보여 지원했다고 말할 수 있으니까요.

또한 회계 언어를 알면 돈과 관련된 대화, 재무와 관련된 의사소통을 보다 명확하게 할 수 있습니다. 매출, 원가, 이익, 현금, 자산, 재고, 대손 등 일상생활에서, 회사에서 사용하는 이 모든 것이 사실 회계 용어입니다. 정확히 알고 사용한다면 편하고 유용합니다. 회사에 다니거나 사업을 하려면 당연히 알아야 하는 것이기도 합니다.

누군가 주식에 100원을 투자해서 150원을 벌었다고 칩시다. 이 말이 무슨 뜻일까요? 회계 언어에 익숙한 사람이라면 두 가지 경우를 생각하게 됩니다.

- 100원에 산 주식을 150원에 팔았다 - 원금을 제외하고도 50원을 더 벌었다
  ⇒ 수익 150원, 이익 50원

- 100원에 산 주식을 250원에 팔았다 - 원금을 제외하고도 150원을 더 벌었다
  ⇒ 수익 250원, 이익 150원

주식투자로 50원을 더 벌었다는 것인지, 150원을 더 벌었다는 것인지 애매할 수 있습니다. 그러니 회계 언어에 익숙한 사람이라면 정확히 어떤 의미인지 확인을 해 보게 될 것입니다. 회계 언어를 아는 것만으로도 재무에 관한 애매한 뉘앙스를 체크할 수 있게 됩니다. 이를 통해 명확한 의사결정을 하는 데 도움을 받을 수 있습니다.

회사는 재무제표를 통해 사람들에게 끊임없이 말을 걸고 있습니다. 이를 이해할지 흘려들을지는 개인의 몫이기는 합니다. 다만, 회계 언어를 조금이라도 이해하고 있다면 더 명확한 의사소통을 할 수 있고, 정보를 좀 더 효율적으로 이용할 수 있게 됩니다. 회계 언어는 돈과 관련된 명확한 판단을 할 수 있는 기준이 됩니다. 그래서 회계 언어를 알아야 합니다. 회계를 들어야 합니다. 회계를 쓰지는 못하더라도 읽고 말할 수 있어야 합니다.

8

회계 듣기 경로:
재무제표 어디서 찾을까

| 회사 홈페이지 |
회사 정보는 공식홈페이지에서

재무제표는 우리와 가까운 곳에 늘 존재합니다. 마음만 먹으면 언제 어디서든 회계 언어를 통해 회사와 대화할 수 있습니다.

먼저 재무제표를 가장 손쉽게 찾을 수 있는 곳은 회사 공식홈페이지입니다. 재무제표를 보고 싶은 회사의 홈페이지에 접속합니다. IR(Investor Relations), 투자자 정보, 재무 정보 등의 섹션을 확인해 봅니다. 연도별 재무제표나 각종 재무 정보를 찾아볼 수 있습니다.

옆 페이지는 삼성전자 공식홈페이지의 재무 정보 섹션 캡처화면입니다. 단순히 재무제표만 제공하는 것이 아니라 과거 5년간의 재무 정보를 그래프로 보기 쉽게 제공하고 있습니다.

▼ 삼성전자 홈페이지 캡처화면

		2014년	2015년	2016년	2017년	2018년
✓ 자산	조원	230.4	242.2	262.2	301.8	339.4
✓ 유동자산	조원	115.1	124.8	141.4	147.0	174.7
✓ 비유동자산	조원	115.3	117.4	120.7	154.8	164.7
✓ 유동부채	조원	52.0	50.5	54.7	67.2	69.1
✓ 자본	조원	168.1	179.1	193.0	214.5	247.8

| 인터넷 포털사이트 |

검색이 답이다!

인터넷에는 없는 게 없습니다. 특히 포털사이트의 증권 섹션에서는 투자자들을 위해 재무제표를 비롯해 다양한 재무 정보를 제공합니다. 친절하게 각종 재무비율 분석 자료와 관련 기사들까지 제공하고 있으니 유용하게 활용해 봅시다. 활용하지 않아서 그렇지 무궁무진한 정보를 찾아볼 수 있습니다.

한 포털사이트 증권 섹션에서 삼성전자의 재무 정보를 확인해 보았습니다. 연도별 손익 자료는 물론 수익성 성장지표까지 그래프로 표시해 주고 있습니다.

▼ 포털사이트(네이버) 증권 섹션 캡처화면

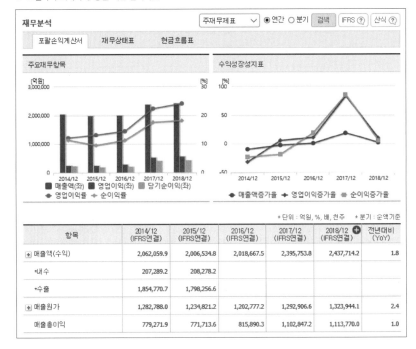

항목	2014/12 (IFRS연결)	2015/12 (IFRS연결)	2016/12 (IFRS연결)	2017/12 (IFRS연결)	2018/12 (IFRS연결)	전년대비 (YoY)
⊕ 매출액(수익)	2,062,059.9	2,006,534.8	2,018,667.5	2,395,753.8	2,437,714.2	1.8
+내수	207,289.2	208,278.2				
+수출	1,854,770.7	1,798,256.6				
⊕ 매출원가	1,282,788.0	1,234,821.2	1,202,777.2	1,292,906.6	1,323,944.1	2.4
매출총이익	779,271.9	771,713.6	815,890.3	1,102,847.2	1,113,770.0	1.0

| 전자공시시스템(DART) |

재무제표 보라고 판을 깔아 주다

인터넷 증권정보나 기사에서 볼 수 있는 재무제표와 관련된 정보는 주로 전자공시시스템(DART: Data Analysis, Retrieval and Transfer system)에서 나옵니다. 전자공시시스템은 상장법인이나 외부감사대상법인 등이 재무제표뿐만 아니라 각종 공시 대상 서류들을 인터넷으로 제출하고, 누구나 제출 즉시 인터넷을 통해 해당 서류를 조회할 수 있도록 하는 기업공시시스템(dart.fss.or.kr)입니다.

어떤 회사가 회계감사를 받나? **외부감사대상법인**

상장법인이나 큰 규모의 회사들은 보통 딸린 식구들이 많고, 이해관계자들도 많습니다. 다수의 이해관계자를 보호하기 위해 회사의 회계처리를 적정하게 하도록 할 필요가 생겼습니다. 이런 이유로 일정 회사들은 관계 법령°에 따라 재무제표를 작성하여 독립된 외부의 감사인으로부터 회계감사(외부감사)를 받아야 합니다. 재무제표가 적정하게 작성되었는지를 외부 전문가들에게 검증받도록 한 것입니다. 그리고 이렇게 감사받은 재무제표는 전자공시시스템을 통해 외부에 공개됩니다. 즉, 상장회사 및 규모가 큰 비상장법인 등의 재무제표는 누구나, 언제든지 전자공시시스템을 통해서 확인할 수 있다는 뜻입니다.

외부감사대상 회사의 조건

현행 외감법(2018.3.20 법률 제15514호 및 2018.10.30. 대통령령 제29269호)에서 규정하고 있는 외부감사대상 회사들은 다음과 같습니다.

1. 주권상장법인
2. 해당 사업연도 또는 다음 사업연도 중에 주권상장법인이 되려는 회사
3. 기타 다음의 기준을 충족하는 회사 등
   (1) 직전 사업연도 말의 자산총액이 500억 원 이상인 회사
   (2) 직전 사업연도의 매출액이 500억 원 이상인 회사
   (3) 다음 각 목의 사항 중 3개 이상에 해당하지 아니하는 회사
      ① 직전 사업연도 말의 자산총액이 120억 원 미만
      ② 직전 사업연도 말의 부채총액이 70억 원 미만
      ③ 직전 사업연도의 매출액이 100억 원 미만
      ④ 직전 사업연도 말의 종업원이 100명 미만

✱ 알아두세요

'주식회사 등의 외부감사에 관한 법률'을 말합니다. 줄여서 '외감법'이라고 합니다.

✱ 알아두세요

감사보고서

외부감사인(승인회계사)이 실시한 회계감사의 결과를 기재한 보고서입니다. 감사보고서에서는 감사의 범위 및 절차, 감사의견이 기재되며 감사받은 재무제표가 첨부됩니다.

✱ 알아두세요

사업보고서

주권상장법인 등이 관계법령에 따라 기업내용을 공개하기 위해 작성하는 보고서입니다. 사업보고서에는 회사의 사업내용, 임원보수, 재무에 관한 사항 등이 기재되며 재무제표도 확인할 수 있습니다.

전자공시시스템을 이용하는 방법은 아주 쉽습니다. 그냥 인터넷 검색하듯이 회사 이름으로 검색하면 끝입니다. 회사 이름으로 검색하면 재무제표뿐만 아니라 사업보고서, 회사와 특수관계자와의 거래 내용, 회사 주주에 대한 내용 등 다양한 정보들도 확인할 수 있습니다. 참고로 재무제표는 '감사보고서°'나 '사업보고서°'에서 찾을 수 있습니다.

▼ 전자공시시스템(DART) 홈페이지

잠깐
만요

한국에 다트가 있다면 미국에는 에드거가 있다!

우리나라에 전자공시시스템 DART가 있다면 미국에는 미국증권거래위원회(U.S. Securities and Exchange Commission, SEC)가 운영하는 전자공시시스템 EDGAR (Electronic Data Gathering, Analysis, and Retrieval system)가 있습니다. 아래는 EDGAR 홈페이지 캡처화면입니다.

▼ 미국 전자공시시스템(EDGAR) 홈페이지

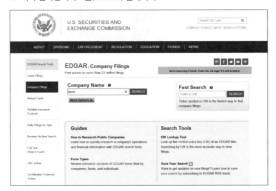

사용되는 언어가 영어이고, 미국 회사의 정보가 기재되어 있다는 점만 다를 뿐, DART 외 비슷한 시스템이라고 생각하면 됩니다. 영어라는 장벽만 넘어설 수 있다면 미국 회사 의 재무제표를 확인하는 방법은 누워서 식은 죽 먹기보다 쉽습니다. EDGAR(www.sec. gov/edgar/searchedgar/companysearch)에서 검색만 하면 되니 말입니다.

EDGAR에서 회사 이름으로 검색하면 다양한 자료를 확인할 수 있는데요, 회계 읽기에서 유용한 자료는 'Form 10-K'라는 서류입니다. 우리 식으로 따지면 '10호(갑)서식' 정도이 니 이름 자체는 크게 중요하지 않습니다. 중요한 것은 그 의미인데요, 10-K는 한국의 사 업보고서에 해당하는 서류로 재무제표뿐만 아니라 회사의 역사, 조직도, 사업, 지분, 자회 사 등에 대한 내용을 품고 있는 정보의 보고입니다.

아래는 EDGAR에서 찾아본 애플(Apple Inc.)의 사업보고서(10-K) 캡처화면입니다.

▼ Apple Inc 사업보고서(10-K) 캡처화면

회계 단어 | **연결재무제표 · 별도재무제표 ·
개별재무제표**

연결 · 별도 · 개별 재무제표란?

이 책에서는 삼성전자의 재무제표를 종종 언급하고 있습니다. 그런데 재무제표면 재무제표이지 굳이 '연결' 재무상태표니 '연결' 손익계산 서니 하는 용어들을 사용했습니다. 조금 이상하지요?

회계 문법 중에는 '연결 회계'라고 부르는 분야가 존재합니다. 연결 회계는 수많은 회계 교과서들 중에서도 특히 '고급 회계'라 불리는 책에서나 다루는 회계 문법입니다. 연결재무제표는 연결 회계를 적용하여 작성한 재무제표를 말합니다.

연결 회계는 회계 원어민이 주로 다루는 분야이므로 회계 외국인에게는 어렵게 느껴질 수 있습니다. 그렇지만 걱정할 필요는 없습니다. 다행스럽게도 간단한 개념만 알고 있으면 회계 외국인도 연결재무제표를 충분히 요긴하게 활용할 수 있습니다.

연결재무제표(Consolidated Financial Statements)

일반적으로 한 회사가 다른 회사의 지분 중 50%를 초과하여 보유하는 경우 등에 그 회사가 다른 회사를 지배할 수 있다고 봅니다. 지배하는 회사를 지배기업, 지배당하는 회사를 종속기업이라고 합니다. 이두 회사는 법적으로는 독립된 각각의 회사이지만, 경제적인 측면에서는 하나의 회사인 것과 같습니다. 이런 이유로 회계 문법에서는 이들 회사의 재무제표를 통합한 하나의 재무제표를 작성하도록 하고 있습니다. 어차피 한몸인 회사들이니 경제적 실질에 맞춰 통합된 정보를 제공하자는 것입니다. 이렇게 지배기업과 종속기업을 하나의 경제적 실체로 표시하는 합쳐진 재무제표가 바로 연결재무제표입니다(앞서 49쪽 <잠깐만요>에서 배우자의 경제력을 평가할 때, 부모님과 배우자의 재무제표를 합쳐 놓은 연결재무제표를 봐야 한다는 의견이 있었습니다. 그것을 떠올리면 연결재무제표를 이해하기가 수월합니다).

지배기업과 종속기업 사이에 발생한 거래는 연결재무제표에서 제외됩니다. 한 회사가 다른 회사에 물건을 팔아서 수익(+)을 기록한 경우, 상대방 회사에서는 같은 금액을 비용(-)으로 인식하지요. 연결재무제표를 작성하는 과정에서 지배회사의 수익 100과 종속기업의 비용 100을 합치게 되는데, 이렇게 되면 결국 남는 것은 없습니다(100-100=0). 이와 같이 회사의 재무제표를 합치는 과정에서 둘 사이의 거래(내부거래)가 자연스럽게 제거됩니다. 따라서 두 회사 간 거래를 조정하여 재무제표가 왜곡될 수 있는 가능성이 그만큼 줄어듭니다.

별도재무제표(Separate Financial Statements)와 개별재무제표

연결재무제표가 유용한 정보를 제공하기는 하지만, 연결 실체가 아닌 개별 회사의 재무제표도 여전히 중요합니다. 한 회사에 대한 투자나 대출 의사결정을 할 때에는 연결 실체 정보보다 오히려 개별 회사의 정보가 필요한 경우가 많습니다. 더구나 배당이나 법인세 신고는 개별 실체의 재무제표를 기준으로 이루어집니다. 이런 이유로 지배기업은 연결 실체의 연결재무제표뿐만 아니라 개별 실체의 재무제표도 작성

✱ 알아두세요

개별재무제표

공식적으로는 그냥 '재무제표'입니다. 이것을 연결재무제표와 구별하기 위해 일반적으로 개별재무제표라고 부릅니다.

✱ 알아두세요

지배기업이 작성하는 개별재무제표를 한국채택국제회계기준에서는 별도재무제표, 일반기업회계기준에서는 개별재무제표라고 합니다. 회계기준별로 종속회사 및 관계회사 지분을 평가하는 방법이 다릅니다(한국채택국제회계기준: 지분법, 공정가치법 또는 원가법 사용, 일반기업회계기준: 지분법 사용). 따라서 회사의 개별재무제표라는 점에서는 유사하기는 하지만 원칙적으로는 각 회계기준에 따라 작성된 지배기업의 별도재무제표 및 개별재무제표가 동일하지는 않습니다. 그러나 회계 외국인들에게는 각 회계기준에서 부르는 용어에 차이가 있다는 것만 기억해 두면 충분합니다.

해야 합니다. 이렇게 작성된 재무제표를 연결재무제표와 구별하기 위해 개별재무제표*라고 부릅니다.

종속기업이 있는 지배기업은 연결재무제표와 개별재무제표를 작성합니다. 종속회사가 없다면 굳이 연결 회계를 적용할 필요가 없습니다. 따라서 종속기업이 없는 회사는 개별재무제표만 작성합니다. 한편, 한국채택국제회계기준에서는 지배기업이 작성하는 개별재무제표를 특별히 '별도재무제표'라고 부릅니다. 일반기업회계기준에는 없는 용어*입니다.

예컨대 한국채택국제회계기준을 적용하는 삼성전자는 지배기업으로서 연결 실체의 연결재무제표와 삼성전자의 개별재무제표인 '별도재무제표'를 작성합니다. 한편, 삼성전자의 100% 자회사인 삼성전자판매는 삼성전자의 종속기업이며 다른 회사를 지배하고 있지 않습니다 (연결 대상 종속회사가 없음). 따라서 삼성전자판매는 개별재무제표만 작성합니다. 만약 삼성전자가 일반기업회계기준을 적용한다면 삼성전자가 작성하는 재무제표는 연결재무제표와 개별재무제표가 될 것입니다.

	한국채택국제회계기준	일반기업회계기준
종속기업이 없는 경우	개별재무제표	개별재무제표
종속기업이 있는 경우	연결재무제표, 별도재무제표	연결재무제표, 개별재무제표

이 책에서 주로 살펴본 삼성전자의 재무제표는 연결재무제표입니다. 그러므로 삼성전자 단독의 재무상태나 영업 성과 등을 살펴본 것이 아니라 삼성디스플레이, 삼성전자서비스, 삼성전자판매, 하만인터내셔널 및 전 세계에 있는 삼성전자 자회사들의 재무 정보를 모두 합쳐서 본 것입니다. 그러나 연결재무제표든 별도재무제표든 혹은 개별재무

제표든 결국 재무제표이니 그것을 읽고 말하는 방법은 동일합니다. 단지 재무제표 안에 포함된 기업의 범위만 다를 뿐입니다. 회계 외국인들은 연결 실체의 재무 정보가 필요할 땐 연결재무제표를, 회사 단독의 재무 정보가 필요할 때는 별도재무제표(또는 개별재무제표)를 확인해 보면 됩니다.

둘째 마당

• • • • • •

회계 쓰기,
육하원칙으로
해결하기

회계 쓰기는 재무제표를 작성하는 활동입니다. 회계에서 가장
어려운 활동이라고 할 수도 있습니다. 그러나 회계 외국인은
육하원칙에 따라 회계를 쓰는 여섯 가지 원칙만 이해하고 있으면
회계를 읽고 말할 수 있습니다. 여섯 가지만 알면 된다니 한번
도전해 봅시다.

9

회계 쓰기의 기술

| 회계 쓰기의 기술 (1) |

육하원칙을 기억하자

국어 시간이나 영어 시간에 '육하원칙'이라는 말을 종종 듣습니다. 기사처럼 사실 관계가 잘 전달되어야 하는 글을 작성할 때에는 '누가(who), 언제(when), 어디서(where), 무엇을(what), 어떻게(how), 왜(why)'의 여섯 가지 요소가 포함되도록 해야 한다는 것이 바로 육하원칙입니다. 회계를 쓸 때에도 육하원칙이 적용됩니다. 바꿔 말하면 회계는 육하원칙에 따라 씁니다.

이 책에서 회계 쓰기는 '재무제표를 작성하는 것'으로 정의하였습니다.

• 회계 쓰기: 재무제표를 작성하는 것

그러니 회계 쓰기의 육하원칙이란 결국 다음과 같이 '재무제표를 작성하는 6가지 원칙'이라는 의미입니다(각 요소별 상세 내용은 다음 장부터 자세히 살펴보겠습니다).

회계 쓰기와 재무제표 작성하기

육하원칙 요소	회계 쓰기	재무제표 작성하기
누가(Who)	회사가 쓴다	재무제표 작성 주체
왜(Why)	보고하기 위해 쓴다	재무제표 작성 목적
무엇을(What)	거래를 쓴다	거래
언제(When)	거래가 발생했을 때 쓴다	현금주의 vs. 발생주의
어떻게(How)	두 가지로 나눠 쓴다	복식부기
어디에(Where)	계정에 쓴다	계정

그런데 이것은 회계 쓰기의 원칙인 동시에 회계 읽기와 말하기의 원칙이라고도 볼 수 있습니다. 어떻게 작성되었는지를 알면 작성된 내용이 무엇을 의미하는지 자연스럽게 이해할 수 있으니 말입니다. 그런 의미에서 이 책에서는 회계 읽기나 회계 말하기를 살펴보기에 앞서 회계 쓰기의 가장 기본적인 6가지 원칙에 대해서 우선 살펴볼 것입니다.

물론 육하원칙만 가지고는 회계를 제대로 쓸 수 없습니다. 회계를 제대로 쓰는 것은 사실 어렵고 복잡합니다. 깊이 들어가면 들어갈수록 포기하고 싶은 생각이 들 때도 많습니다. 그러나 너무 고민할 필요는 없습니다. 회계 외국인 입장에서는 육하원칙만 알아도 회계를 읽거나 말하는 것이 한결 쉬워지니 말입니다. 지금은 이 정도로도 충분합니다.

| 회계 쓰기의 기술 (2) |

가계부 쓰기와의 차이점을 이해하자

회계를 회사의 언어, 비즈니스의 언어라고 표현하기도 하지만, 이외에도 회계를 설명하는 대표적이고 직관적인 표현이 하나 더 있습니다. 바로 회계는 '회사의 가계부'다!

회계를 쉽게 설명하려고 할 때 종종 회계 쓰기와 가계부 쓰기를 비교하여 이야기하곤 합니다. 가계부는 개인들이 용돈이나 월급으로 받은 돈이 얼마인지, 그중에서 매달 쓴 돈과 남은 돈이 얼마인지를 기록하는 장부입니다. 한 개인의 수입과 지출을 보여 주는 보고서이니 넓은 의미에서는 가계부도 재무제표의 일종입니다. 바꿔 말하면 가계부를 적는 것도 회계를 쓰는 행위에 해당됩니다.

물론 회계 쓰기가 가계부 작성보다야 훨씬 어렵고 복잡하기는 합니다. 그럼에도 불구하고 이 두 가지는 서로 비슷한 점이 참 많습니다. 이 비슷한 점을 배우는 것이 회계 쓰기의 시작이고, 두 가지의 차이점을 확인하는 것이 회계 쓰기의 마지막입니다.

회계를 배운다는 것은 가계부와 재무제표의 차이를 이해하는 것

이제 육하원칙 요소별로 가계부와 재무제표의 차이점을 확인하면서 회계 쓰기에 익숙해져 보는 시간을 갖도록 하겠습니다.

10

회계 쓰기의 육하원칙 (1) 누가(Who):
회사

| 회계는 '누가' 쓰나 |

회사가 쓴다

육하원칙 요소	가계부 쓰기	회계 쓰기	재무제표 작성하기
누가(Who)	개인이 쓴다	회사가 쓴다	재무제표 작성 주체

✱ 알아두세요
이 책에서 '회사'와 '기업'이라는 단어는 '이윤 획득을 추구하는 생산 경제의 단위'라는 동일한 의미로 보았으며, 혼용하여 사용하였습니다.

회계는 회사(기업)＊가 씁니다. 별것 아닌 것 같지만 회계를 쓰는 주체(재무제표 작성 주체)가 회사라는 것은 상당히 의미심장한 일입니다. 무엇이 의미심장한지, 왜 의미심장하다는 것인지 그 의미를 알기 위해서는 먼저 회사의 법적인 지위를 이해할 필요가 있습니다.

여의도에 있는 쌍둥이 빌딩은 엘지전자의 본사로 사용되는 건물일 뿐 엘지전자 그 자체는 아닙니다. 또한 현대자동차 홈페이지는 회사의 정보를 제공하는 공간일 뿐 그 자체가 현대자동차라는 회사인 것은 아닙니다. 이와 같이 우리는 회사를 볼 수도 없고 만질 수도 없습니다.

그럼에도 불구하고 우리는 회사가 존재한다는 사실을 분명히 알고 있습니다.

"회사가 소유한 건물이 있다."

"회사가 생산하는 휴대폰과 노트북을 구매한다."

"회사 직원들은 회사 명의의 법인카드를 사용한다."

"회사는 하청업체와 회사 명의로 계약을 한다."

"회사는 은행에서 대출도 받는다."

회사는 사람도 아닌 것이 마치 사람처럼 스스로 경제 활동을 수행합니다.✱ 이것은 회사 스스로 권리와 의무의 주체✱가 될 수 있도록 법에서 정해 주었기 때문입니다. 민법에서 다루는 어려운 내용이니 암기할 필요는 없습니다. 다만 여기에서 기억할 것은 회사가 눈에 보이는 존재는 아니지만, 스스로 영업도 하고, 소비도 하며, 자산을 가질 수도 대출을 받을 수도 있는 하나의 실체라는 점입니다. 이런 회사가 회사 밖 사람들과의 의사소통을 위해 사용하는 수단이 바로 회계입니다.

회사의 임원이나 대주주가 회사의 주인인 것처럼 느껴지기도 하고, 때로는 소비자가 회사의 왕이라고도 하지만 회계에 있어서 회사의 주인은 명확합니다. 바로 회사 그 자체! 회사는 스스로 진행한 경제 활동을 회계 쓰기를 통해 재무제표에 담아냅니다. 비록 실제로 회계를 쓰는 행위는 회계 부서를 통해 이루어지지만 회계를 쓰는 주체는 분명 회사입니다.

회계는 회사가 쓴다.

회계 문법의 존재 이유

회사가 쓴 재무제표는 여러모로 개인이 쓰는 가계부와 차이가 날 수밖에 없습니다. 특히 회사에는 이해관계자가 많습니다. 주주야 말할 것도 없고 채권자, 하청업체, 매출처, 임직원, 정부기관 등 신경 써야 할 곳이 너무 많습니다. 그러므로 회사는 모든 사람들이 납득할 수 있도록 표준화된 문법과 용어를 사용하여 회계를 써야 합니다. 즉, 회사가 회계를 쓰는 주체가 되면서 회계 문법이 존재하게 된 것입니다.

> **회계***: 회사는 이해관계자가 많으므로 회계를 쓸 때에는 기업회계기준*이라는 (어려운) 회계 문법에 따라 써야 한다. 이게 다 회계를 쓰는 주체가 회사이기 때문이다.
> **가계부**: 가계부는 개인이 혼자 보려고 쓴다. 그러므로 쓰고 싶은 대로 쓴다. 어려운 문법이 필요할 이유가 없다.

✱ 알아두세요
회계 항목에서는 실제 회계의 모습이 어떠한지를 엿보기 위해 아직 배우지 않은 다양한 회계 단어와 어휘들을 무자비하게 사용해 보았습니다. 갑자기 툭 튀어나온 어려운 단어들에 대해서 부담을 가질 필요는 없습니다. 나중에 차차 익숙해질 것입니다.

✱ 알아두세요
기업회계기준
재무제표를 작성할 때 따라야 하는 원칙과 약속을 의미합니다.

| 자산과 자본 |

회사에 대한 주주 몫의 권리를 별도로 쓴다

회사는 결코 혼자 태어나지 않습니다. 주주들이 자금을 내어 '설립'이라는 형태로 회사를 만들어 냅니다. 주주들은 투자의 대가로 회사에 대한 권리*를 갖습니다. 회사는 가진 재산 중에 주주의 몫이 얼마나 되는지를 별도로 재무제표에 표시하기 시작했습니다. 회사에 자금을 댄 주주들에게 보여 주기 위해서 말입니다.

✱ 알아두세요
투자에 대한 자금을 부담한 대가로 회사의 주요 경영 활동에 대해 목소리를 낼 수 있는 권리, 배당을 받을 권리가 주주에게 있습니다.

> **회계**: 재무상태표는 자산과 자본(주주 몫)을 구분하여 표시한다.
> **가계부**: 부모님은 나를 태어나게 해 주셨지만 나에 대한 권리를 주장하지는 않는다. 가계부에 내 재산에 대한 부모님의 권리를 따로 구분하여 적을 이유가 없다.

회사가 갚을 돈은 별도로 쓴다

회사는 주주로부터 자금을 받기도 하지만, 외부에서 빌려 오기도 합니다. 이 돈은 때가 되면 갚아야 하는 돈, 빚입니다. 채권자들이나 혹은 예비 투자자들에게 회사가 대출받아 구입한 재산이 얼마나 되는지, 회사가 갚아야 할 돈은 얼마나 되는지를 보여 줄 필요가 생겼습니다.

회계: 재무상태표는 자산과 부채를 구분한다.

가계부: 은행이 돈 빌려줬다고, 또는 돈을 빌려주기 전에 내 가계부를 보자고는 하지 않는다. 이자를 제때 못 내면 독촉 전화를 할 뿐이고, 다른 부채가 많은지는 신용도를 확인하거나 검색해 보면 바로 알 수 있다. 그러므로 가계부에 부채를 구분하여 기재할 필요가 없다.

| 영업이익과 당기순이익 |

회사가 번 이익은 종류별로 구분하여 쓴다

회사는 한 해 동안 번 돈을 여러 이해관계자들에게 나눠서 지급해야 합니다. 임직원에게 급여를 지급하고 매입처에 매입 대금도 지급해야 합니다. 채권자에게 이자를 지급하기 위해 사용하기도 합니다. 각각의 이해관계자들이 원하는 정보를 제공하기 위해 회사는 한 해 동안 번 돈을 어디에 썼는지 종류별로 구분하여 표시합니다.

회계: 손익계산서는 회사의 경영 성과를 표시할 때, 영업 활동에서 남은 돈(영업이익), 채권자에게 이자를 지급하고 남은 돈(세전이익), 국세청에 법인세를 납부하고도 남은 이익(당기순이익)으로 구분하여 표시한다.

가계부: 가계부에는 내가 벌고 쓴 뒤 남은 돈만 있을 뿐이다. 외부의 이해관계자를 위한 구분 표시는 하지 않는다. 할 필요도 없고, 귀찮고 어렵다.

회계를 쓰는 주체는 회사라는 점을 반드시 기억해 두세요. 지금은 위의 말들이 와 닿지 않더라도 재무제표를 읽거나 말할 때 왜 회계를 그렇게 써야 했는지, 재무제표가 도대체 왜 그렇게 생겨 먹은 것인지, 재무제표가 무엇을 말하려고 하는 것인지 좀 더 쉽고 명확하게 이해할 수 있을 것입니다.

잠깐만요 법인회사 vs. 개인회사

상법에서는 회사를 '상행위나 그 밖의 영리를 목적으로 하여 설립한 법인'이라고 정의하고 있습니다. 회계를 쓰는 회사는 주로 이 '상법에 따라 설립된 법인'을 의미합니다. 그런데 개인이 사업을 하는 경우, 그 사업체를 간혹 '개인회사'라고 표현할 때가 있습니다. 법인으로 설립된 회사가 아니라, 단순히 개인의 사업체를 의미하는 것이라면 개인회사 대신 '개인사업자', '개인사업체', '개인사업' 등으로 표현하는 것이 맞습니다. 상법에 따라 설립된 회사 외에 비영리법인이나 정부기관, 개인사업자 등도 회계를 쓸 수는 있지만 회사만큼 까다로운 회계 문법이나 어휘를 반드시 사용해야 하는 것은 아닙니다.

11

회계 쓰기의 육하원칙 (2) 왜(Why):
보고 목적

| 회계를 '왜' 쓰나 |

보고하기 위해 쓴다

육하원칙 요소	가계부 쓰기	회계 쓰기	재무제표 작성하기
왜(Why)	재테크를 위해 쓴다	보고하기 위해 쓴다	재무제표 작성 목적

'회계를 왜 쓰는가?' 이 물음에 대한 답변은 이미 공식적으로 준비되어 있습니다. 어느 교과서를 보더라도 거의 비슷한 이야기를 하지요.

> 회계를 쓰는 이유는 이해관계자들(정보이용자들)에게 회사의 경영 활동에 대한 정보를 제공하기 위해서이다.

매우 식상한 답이지만 어쩔 수 없습니다. 사실이 그렇습니다. 개인들이 단순히 개인의 재무 관리와 재테크를 위해 가계부를 쓴다면 회사는 외부에 정보를 제공하기 위해(회계 언어식으로 표현하자면, 회사가 외부에 본인을 어필하기 위해) 회계를 쓰니 말입니다.

그저 지나치듯 읽고 넘길 게 아니라 회계를 쓰는 이유에 대해 제대로 공감을 해 보면 좋겠습니다. 왜 회계를 쓰는지 이해하면 재무제표가 왜 그렇게 생겼는지, 그 재무제표를 더 쉽게 이해할 수 있을 것입니다.

회계의 역사

회계를 쓰는 이유를 이해하려면 회계가 역사적으로 어떻게 발전해 왔는지 그 과정을 살펴보면 도움이 됩니다.

회계는 상인들이 돈, 이윤과 관련된 계산과 측정을 위해 자연스럽게 생겨났습니다. 상인들 사이에서 알음알음 계산과 측정을 위해 사용돼왔던 회계는 상업의 규모가 커지면서 점점 더 체계화됩니다. 특히 큰 규모로 장사를 하려면 그만큼 큰돈이 필요합니다. 본래 가진 돈이 많다면 모를까 그렇지 않다면 빌리거나 투자를 받을 수밖에 없습니다.

중세 유럽에서 상인들에게 자금을 대 준 사람들은 주로 왕족, 귀족, 거상들이었습니다. 투자자들은 투자한 자금이 어떻게 사용되었는지, 투자로 인한 대가를 얼마나 받게 될지에 대해 정확한 정보를 알고 싶어 했을 것입니다. 상인들은 높으신 분들께 그들이 원하는 정보를 제공해 주어야만 투자금을 회수당하지 않고, 또 다음 투자를 받아 낼 수 있었습니다. 결국 외부 보고 목적의 회계는 이러한 상인들과 투자자들의 이해관계가 일치함에 따라 만들어진 것입니다.

본격적으로 상업이 성행한 중세 유럽의 대항해시대. 탐험가들은 탐험 자금 마련을 위한 자기 홍보를 위해 회계를 썼습니다. 자신이 어떻게 효율적으로 자금을 쓸지, 탐험을 통해 얼마나 많은 수익을 올릴지 숫자로 보여줌으로써 자본가들로부터 자금을 유치했던 것입니다.

콜럼버스의 회계 언어 활용기

역사상 가장 유명한 탐험가 중 하나인 콜럼버스 역시 인도 항로 개척을 위한 자금을 얻기 위해 포르투갈, 스페인, 영국, 프랑스 왕실 등의 투자자들과 접촉을 하게 됩니다. 콜럼버스는 각 투자자들을 찾아다니며 이른바 투자설명회를 개최했을 것입니다. 이때, 콜럼버스는 그저 말로 전하는 장밋빛 예측이 아닌 탐험으로 인한 예상 손익자료(회계 쓰기의 결과물)를 근거로 프레젠테이션에 임했을 것으로 보입니다. 그가 투자자들에게 탐험의 대가로 신대륙에서 나온 수입의 10%

▲ 콜럼버스의 모습

를 자신의 소유로 해 달라는 요구를 했다고 하니, 이게 다 회계 쓰기의 결과물인 것이지요. 투자자를 찾아 전전긍긍하던 콜럼버스는 결국 스페인 이사벨라 여왕의 투자를 받아 1492년 아메리카 대륙으로 향하는 신항로를 개척하게 됩니다.

이와 관련하여 회계 언어 측면에서 흥미로운 이야기가 전해집니다. 콜럼버스가 선상에서 미지의 대륙을 눈에 담던 그 순간, 스페인 왕실에서 파견한 회계 원어민이 함께하고 있었다고 합니다. 탐험으로 인한 수익과 지출을 회계로 쓰기 위한 회계 전문가 말입니다. 이 때문에 미국 회계 역사의 시작을 콜럼버스가 아메리카 대륙에 도착한 1492년으로 꼽는 학자들도 있다고 합니다. 어쨌든 당시 콜럼버스와 함께 신대륙에 도착한 그 회계 원어민은 콜럼버스의 역량과 탐험 결과를 감시하고 평가하는 역할을 수행했을 것입니다. 그러고 보면 콜럼버스의 탐험은 투자자를 구하던 그 시작부터 끝까지 회계와 함께한 여정이 아니었을까요?

콜럼버스의 관을 멘 사람들

사진은 세비야 대성당에 있는 콜럼버스의 무덤입니다. 무덤이라기보다는 콜럼버스의 관을 네 명의 거인이 메고 있는 모습이지요. 여기 네 명의 거인은 스페인을 지배한 4개 왕국의 왕을 상징한다고 하는데, 앞에서 관을 메고 있는 두 명은 콜럼버스를 지지한 왕이고, 뒤의 고개를 숙인 두 명은 콜럼버스를 지지하지 않은 왕들입니다. 강대국의 두 왕이 앞에서 당당하게 서 있다면 국력이 낮은 두 왕국의 왕은 뒤에서 초라하게 고개를 숙이고 있는 형국입니다. 고개 숙인 두 명의 왕이 회계 언어를 잘 사용했다면 어땠을까요? 콜럼버스에

게 과감하게 투자를 했을 수도 있지 않을까요? 그랬다면 콜럼버스가 가져온 신대륙의 과실을 나누며 국력이 강대해졌을지도 모릅니다. 또 그랬다면 당당히 앞줄에 서 있었겠지요. 실제로 앞에 선 두 명의 왕 중 하나는 강대국인 카스티야 왕국의 왕을 상징하는데, 콜럼버스에게 투자한 이사벨라 여왕이 바로 카스티야 왕국의 왕이었습니다.

다시, 회계를 왜 쓰는가

요컨대, 회사가 본격적으로 회계를 쓰기 시작한 이유는 투자자와 채권자에게 잘 보이기 위해서였습니다. 투자자와 채권자가 맡긴 돈을 잘 활용하고 있음을 보여 주고 그 성과가 어떠한지 보고하기 위해서였지요.

> 손익계산서: "우리 회사는 이렇게 장사를 잘했습니다(주신 돈을 잘 활용하고 있습니다)."
> 예상 손익계산서: "우리 회사는 이렇게 돈을 잘 벌 예정입니다(투자해 주세요)."
> 재무상태표: "우리 회사는 이런 자산을 마련했습니다(주신 돈을 이렇게 투자했으니 안심하십시오)."
> 재무상태표: "우리 회사는 이렇게 재산이 많습니다(돈 떼일 염려는 없으니 돈 좀 빌려주십시오)."

그래서 회계 쓰기는 이해관계자들에게 최대한 정보를 잘 전달할 수 있도록 효율적이고 합리적인 방법으로 이루어져야 합니다. 정보 전달에 필요하다면 어렵거나 복잡해도 그까짓 어려운 문법쯤 감수하고 씁니다. 거래가 복잡해지고 사회가 고도화될수록 그것을 숫자로 적는 방법이 어려워질 수밖에 없습니다. 그래서 회계 쓰기는 지금 이 순간에도 점점 더 어려워지고 있습니다. 그런데 아무리 어렵게 썼더라도 그 결과물은 읽고 말하기 쉬워야 합니다. 애초에 회계는 보이기 위해 설계된 언어이기 때문입니다. 그런 이유로 회계를 읽거나 말하는 것은 쓰기보다 훨씬 수월합니다.

회계가 어렵게 느껴질 땐 이 재무제표가, 그 회계 문법이, 저 회계 용어가 이해관계자들에게 정보를 잘 제공하기 위해 어떻게 활용되고 있는지, 결과적으로 필요한 사람들에게 제대로 된 정보를 제공하는 데 얼마나 기여하는지를 위주로 살펴보는 것도 좋습니다. 회계에 대한 이해의 폭이 넓어질 것입니다.

12

회계 쓰기의 육하원칙 (3) 무엇을(What):
거래

| 회계는 '무엇을' 쓰나 |

거래를 쓴다

육하원칙 요소	가계부 쓰기	회계 쓰기	재무제표 작성하기
무엇을(What)	수입과 지출을 쓴다	거래를 쓴다	거래

회계는 거래를 씁니다. 도대체 '거래'가 무슨 말일까요? 사실 '거래'라는 단어는 일상생활에서 흔히 쓰는 단어입니다. 늘 쓰던 그 뜻 그대로 상식선에서 생각하면 됩니다. 국어사전을 찾아보면 거래는 '사고파는 것', '주고받는 것' 등으로 정의되어 있는데요, 바로 그 '거래'가 회계 쓰기의 목적물입니다.

회계에서는 거래(사고파는 것, 주고받는 것)를 쓰기는 쓰되 숫자로 적어야 합니다. 회계는 숫자로 표현하는 언어이니 말입니다. 거래를 숫자로 쓰기 위해서는 몇 가지 전제 조건이 필요합니다.

회계에서 거래는 ① 회사의 재산에 변화를 주는 ② 숫자로 표현할 수 있는 사건

① 회사의 재산에 변화를 주는 사건이 생겨야 한다

★ 알아두세요 ─────

재무제표가 보여 주는 이러한 항목을 회계에서는 자산(재산), 부채(빚), 자본(투자금), 수익(번 돈), 비용(쓴 돈)이라고 부릅니다.

★ 알아두세요 ─────

거래

회사의 재산을 회계에서는 자산, 부채, 자본, 수익, 비용이라고 합니다. 즉, 이들 5가지 항목에 변화가 생기는 것이 회계상 거래에 해당합니다.

거래의 8요소

자산 증가, 자산 감소, 부채 증가, 부채 감소, 자본 증가, 자본 감소, 수익 발생, 비용 발생을 일컬어 거래의 8요소라고 합니다.

재무제표는 회사의 재산이나 빚, 투자금, 회사가 번 돈, 쓴 돈 등 (여기서는 한꺼번에 회사의 '재산'이라고 하겠습니다)을 숫자로 보여 줍니다. 이 숫자를 바꿀 수 있는 사건이 생겨야 비로소 회계를 쓸 수 있습니다. 즉, 회사의 재산에 변화가 생기면 재무제표의 숫자가 변합니다. 회사의 재산을 표시하는 숫자가 바뀌는 사건을 거래 라고 보아도 됩니다. 예컨대, 상품을 판매하고 현금을 받으면 상품이라는 재산 금액이 감소하고 현금이라는 재산 금액이 증가합니다. 그래서 상품을 판매하는 행위는 회계에서 거래로 봅니다. 반대로 회사가 대형 수출 계약을 체결하면 어떨까요? 그 사건 자체는 회사에 참 좋은 일이긴 합니다. 긍정적인 소식에 회사의 주가가 오를 수도 있습니다. 그렇지만 계약만 체결했을 뿐 아직 판매가 일어난 것은 아닙니다. 즉 회사 재산을 표시하는 숫자가 바뀌지 않습니다. 따라서 수출 계약 체결은 회계에서 거래가 아닙니다. 회계 쓰기의 대상이 아니라는 의미입니다.

상품을 팔고 현금을 받음
- → 상품이 줄고 현금이 늘어난다.
- → 회사 재산의 숫자가 바뀐다.
- → 회계에 쓸 수 있다.
- → 거래가 맞다.

대형 수출 계약을 체결함
- → 계약을 체결했다.
- → 회사 재산의 변동이 없다.
- → 실제로 선적을 할 때까지 바뀌는 숫자가 없다.
- → 회계에 쓸 수 없다.
- → 거래가 아니다.

❷ 금액으로 측정이 가능해야 한다

회계 언어에서는 숫자로 표현이 가능한 사건만 거래로 간주합니다. 회사가 세계적으로 유명한 디자인 공모전에서 수상을 하고 상금을 받았다고 합시다. 이것은 분명 기업 이미지 제고에 정말 도움이 되는 쾌거입니다. 그렇다면 공모전 수상이라는 사건은 회계에서 거래일까요?

상금을 받은 것에 있어서만큼은 거래가 맞습니다. 상금만큼 회사의 재산이 증가했으니 기꺼이 회계로 써야지요. 그런데 회사의 이미지가 좋아져 회사 매출에 긍정적인 영향을 줄 것이 분명합니다. 이런 긍정적인 영향력도 회계 쓰기의 대상일까요? 회계로 쓰지 않습니다. 아니 회계 쓰기를 할 수 없습니다. 이 건으로 회사의 이미지가 좋아져 결과적으로 미래의 매출이 증가하는 데 영향을 줄 수 있을지는 모르지만, 현재 시점에서 그 가치를 숫자로 표시할 방법이 없습니다. 측정이 불가능합니다. 그러므로 회계 쓰기의 대상이 되는 거래가 아닙니다.

공모전에서 수상을 하고 상금을 받음

→ 상금을 받았다.

→ 현금이 늘어난다.

→ 회사 재산의 숫자가 바뀐다.

→ 회계에 쓸 수 있다.

→ 거래가 맞다.

공모전에서 수상을 하고 회사의 이미지가 좋아짐

→ 미래의 매출 증가가 기대된다.

→ 회사 재산의 변화를 숫자로 측정할 수 없다.

→ 회사 재산의 변동이 없다.

→ 회계에 쓸 수 없다.

→ 거래가 아니다.

아래는 거래인지 여부를 확인하는 간단한 절차입니다. 순서를 바꿔서 숫자로 측정 가능한지를 먼저 확인하고 재산의 변화가 있는지를 보아도 됩니다. 어쨌든 두 가지 요건을 모두 충족해야만 회계에서 쓸 수 있는 거래입니다.

거래 여부를 확인하는 법

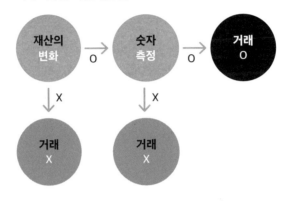

재무제표가 말해 주지 않는 진실

회계가 무엇을 쓰는지 이해하는 것은 회계를 읽거나 말하기 위해 매우 중요한 일입니다. 현실에서는 회계에 쓸 수 없는 다양한 사건들이 발생하고, 현실에서는 잘 이해되지 않는 사건들이 회계 쓰기의 대상이 될 수도 있기 때문입니다.

회사의 재산에 변동이 없는 한, 그 변동을 숫자로 측정하지 못하는 한, 그 사건은 회계로 쓰지 않습니다.

"계약을 체결했다."

"기술 개발에 성공할 것 같다."

"스티브 잡스 같은 저명한 CEO를 선임했다, 혹은 그 CEO가 사망했다."

"회사의 산업 전망이 밝지 않다."

"회사의 대표이사가 횡령을 했다고 한다."

이 사건들은 회사의 가치 변화에 큰 영향을 미칠 수 있는 매우 중대한 사건들입니다. 그럼에도 불구하고 회계에서 말하는 '거래'는 아닙니다. 그러니 회계 쓰기의 결과물인 재무제표는 당연히 위와 같은 사건들을 담고 있지 않습니다.

재무제표를 읽거나 말할 때에는 위와 같은 사건의 존재 가능성에 대해서도 늘 관심을 가져야 합니다. 계약을 체결했으면 회사가 미래에 돈을 많이 벌 것이 분명합니다. 비록 현재의 손익계산서는 비루할지라도 말입니다. 대표이사가 횡령을 했다는 소문이 돌고 있다면, 실제 횡령한 금액만큼 회사의 재산이 과다하게 재무제표에 표시되어 있을지도 모릅니다.

이처럼 회계 쓰기에서는 오직 '거래'만을 다루므로 재무제표가 말해 주지 않는 그 무엇, 거래가 아닌 그 무엇이 존재한다는 사실을 명심해야 합니다.

회계는 오직 거래만 쓴다.

| 거래의 이중성* |

가는 것이 있으면 오는 것이 있다

거래는 갈 '거(去)'와 올 '래(來)'로 이루어진 한자어입니다. 직역하면 '가는 것이 있으면 오는 것이 있다.'는 뜻입니다. 이것은 회계 쓰기에서 매우 중요한 개념을 직관적으로 보여 주는 말입니다.

모든 거래에는 원인(가는 것)과 결과(오는 것)가 있습니다. 물건(가는 것)을 팔았으면 그 대가로 현금(오는 것)을 받습니다. 자동차(오는 것)를 구입했으면 그 대가로 현금(가는 것)을 지급해야 합니다. 이때 가는 것과 오는 것의 금액은 동일할 수밖에 없습니다. 호구가 아닌 이상 가는 것과 오는 것의 가치가 동일하지 않으면 거래 자체가 성립할 수 없으니 말입니다.

거래가 발생하면 가는 것과 오는 것이 동일한 금액으로 변화한다.

회사 재산의 이상 변동이 감지되면 반드시 가는 것과 오는 것이 동일하다는 '거래'의 의미를 떠올려 보세요. 예컨대, 회사가 보유한 현금이 증가했다면, 현금이 늘었다고 마냥 좋아할 것이 아니라 왜 그런 현상이 벌어졌는지 그것을 확인해야 합니다. '거래'의 회계적 의미를 생각해 보면 현금이 증가하게 된 어떤 원인이 재무제표 안에 분명히 존재할 것입니다.

가는 것(원인)
외상대금을 회수했음
대출을 받았음
투자를 받았음
상금을 받았음
건물 임차보증금을 돌려받았음

오는 것(결과)
현금이 증가함

이것은 거래인가 거래가 아닌가

다음 각각의 사례가 회계에서 숫자로 기록할 수 있는 거래인지 여부를 판단해 보세요.

1. 너튜브 구독자 수 1만 명을 달성해 광고 수익 10만 원이 들어왔을 때
2. 블로그 구독자 수 1만 명을 달성해 출판사로부터 출간 제의가 들어왔을 때
3. 중고국가 사이트에 올라온 중고 노트북 판매글에 댓글로 구매 예약을 했을 때
4. 직거래로 중고 휴대폰을 사고 현금을 지불했을 때
5. 쥐마켓 앱에서 노트북을 장바구니에 담았을 때
6. 인터공원 홈페이지에서 노트북을 구매하고 신용카드로 결제했을 때
7. 주식거래 앱에서 삼지전자 주식 10주에 대한 매수 주문을 했을 때
8. 엘성전자 주식 10주에 대한 매수 주문이 체결되었을 때
9. 1년 만기 적금 상품에 가입하고 다음 달 말일부터 매월 10만 원씩 보통예금 통장에서 자동이체되도록 신청했을 때
10. 1년 만기 적금 상품에 가입하고 10만 원이 자동이체되어 보통예금 계좌의 현금이 적금 계좌로 이체되었을 때

* * *

거래 여부 판단하기

번호	거래 여부	이유
1	○	• 재산이 증가했다. • 수익 금액을 측정할 수 있다.
2	X	• 재산에 변화가 없다.
3	X	• 재산에 변화가 없다.
4	○	• 현금이 감소하고 휴대폰이 생겼다. • 변동된 재산 금액을 측정할 수 있다.
5	X	• 재산에 변화가 없다.
6	○	• 노트북이 생기고 카드 빚이 증가했다. • 변동된 재산 금액의 측정이 가능하다.
7	X	• 재산에 변화가 없다.
8	○	• 주식이 생기고 주식 대금 결제 의무가 생겼다. • 변동된 재산 금액을 측정할 수 있다.
9	X	• 자동이체 신청만 되었을 뿐 재산에 변화가 없다.
10	○	• 보통예금 잔고가 줄고 적금 계좌 잔고가 증가했다. • 변동된 재산 금액을 측정할 수 있다..

13

회계 쓰기의 육하원칙 (4) 언제(When):
발생주의

| 회계는 '언제' 쓰나 |

거래가 발생했을 때 쓴다

육하원칙 요소	가계부 쓰기	회계 쓰기	재무제표 작성하기
언제(When)	현금의 입출입이 있을 때 쓴다	거래가 발생했을 때 쓴다	현금주의 vs. 발생주의

가계부는 현금이 들어오거나 나갈 때 씁니다. 현금 수입이 있거나 지출이 있는 날짜에 그 변동 내역을 적는 것입니다. 이것을 회계 언어에서는 현금주의라고 부릅니다. 가계부는 현금주의를 적용하는 회계 쓰기의 대표적인 결과물입니다.

회계도 현금주의에 따라 쓰면 참 좋을 텐데, 회계는 가계부와 다른 때에 씁니다. 가계부와 재무제표의 결정적인 차이는 회계를 쓰는 시기가 다르다는 점입니다.

까마득한 옛날 회계가 처음 태어났던 시절, 그때는 현금주의에 따라 회계를 썼습니다. 현금이 들어오면 벌었다고 쓰고, 현금이 나가면 돈을 썼다고 쓰면 되지요. 참 쉽고 간편하기는 한데, 쓰다 보니 하나 둘 문제가 생겨납니다. 상업과 무역업이 발달할수록 현금거래가 아닌 외상거래, 할부거래와 같은 다양한 지불 방식이 출현하게 된 것이지요. 이것이 왜 문제가 될까요? 문제점이 무엇인지 한번 살펴보겠습니다. 예컨대, 외상판매에서는 상품은 오늘 팔고 현금은 내일 받습니다.

> **외상판매**
> **오늘**: 상품을 팔고 대금은 받지 못함
> **내일**: 어제 판 상품에 대한 대금을 받음
> **고민**: 현금이 한 푼도 없는 오늘, 그 상품은 팔린 것인가 팔리지 않은 것인가?
> **현금주의 회계 쓰기 정답**: 오늘 상품은 팔리지 않았다. → 현금이 들어오지 않았으니까.

이상하지요? 분명히 상품은 오늘 고객에게 전달되고 팔렸는데, 아직 그 물건을 판 사람에게는 수입이 없다니 말입니다.

외상으로 상품을 구입한 상대방의 상황도 살펴볼까요?

> **외상구입**
> **오늘**: 상품을 사고 대금은 지급하지 않음
> **내일**: 어제 산 상품에 대한 대금을 지급함
> **고민**: 현금을 들이지 않고 상품을 산 오늘, 상품을 산 것인가 사지 않은 것인가?
> **현금주의 회계 쓰기 정답**: 오늘 상품은 구입하지 않았다. → 현금이 나가지 않았으니까.

정말 많은 고민이 있었을 것입니다. 편하기는 한데, 뭔가 꺼림칙한 것이 개운하지 않지요? 분명히 거래가 있었던 '오늘' 뭔가 기록을 해야 할 것 같은 느낌이 들고 말이지요. 그렇게 많은 고민과 시행착오 끝에 드디어 회계를 언제 써야 하는지에 대한 고민의 종지부를 찍게 됩니다. 거래가 발생했을 때 회계를 쓰면 된다는 이른바, '발생주의' 개념을 도입하기로 한 것입니다.

거래가 발생했을 때 회계를 쓴다.

발생한 것은 언제인가?

자, 이제 문제는 도대체 '발생했을 때'가 언제냐는 것입니다. 이 개념만 이해하면 회계 쓰기의 반은 마스터한 것이니 관심을 기울여 봅시다. 국어사전에 실린 '발생'이라는 단어의 의미는 다음과 같습니다.

> • 발생(發生): 어떤 일이나 사물이 생겨남

회계 읽기의 기술에서 회계 용어는 상식으로 극복하면 된다고 했습니다. 여기서도 이 기술은 유효합니다. 우리는 이미 발생이라는 단어의 뜻을 알고 있습니다. 회계에서의 '발생'도 상식적인 그 의미, 국어사전에 나오는 그 의미 그대로 받아들이면 됩니다.

> 거래가 발생했다는 것은 거래가 생겨났다는 것

위의 외상거래에서 대금은 못 받았지만 오늘 거래가 생겼다는 것은 알 수 있습니다. 거래가 오늘 발생한 것 같은 느낌적인 느낌이 든다면, 본인의 감각을 믿으세요. 회계에서는 상품을 인도한 오늘, 상품이 팔린 것입니다.

발생주의를 더 깊이 알아보자

사실 발생주의를 깊게 파고들면 들수록 어려운 개념이 튀어나옵니다. 회계 쓰기의 어려움이 대부분 발생주의에서 왔다고 봐도 무방할 정도니까요. 그러나 회계 외국인들에게는 그야말로 남의 나라 이야기입니다. 발생주의는 회계 읽기에 지장이 없을 수준의 기본 개념 정도만 이해해도 충분하니 이 심화 내용이 어려우면 일단 패스했다가 나중에 다시 공부해도 좋습니다.

발생주의의 공식적인 정의는 다음과 같습니다.

- 발생주의: 수익(번 돈)은 획득 시점에 인식하고, 비용(쓴 돈)은 발생 시점에 인식하는 방법

이때 수익은 번 돈, 비용은 쓴 돈이라고 생각하면 됩니다. 현금주의가 현금이 들어올 때 수입으로, 현금이 나갈 때 지출로 인식하는 것과는 확실히 다르지요?

❶ 발생주의에서 수익은 획득 시점에 인식한다(실현주의 원칙˙)

수익을 획득했다는 것은 ① 수익을 얻기 위한 활동이 끝나서 ② 받을 돈의 액수가 객관적으로 측정 가능하다는 것을 의미합니다.

위의 외상판매 거래에서 ① 상품을 고객에게 전달했으니 수익을 얻기 위한 활동은 이미 끝났습니다. 또한, 상품의 가격은 이미 정해져 있을 것이므로 ② 내가 받아야 할 돈의 금액도 이미 판매 시점에 정해져 있습니다. 그러므로 발생주의에서는 물건을 판매한 시점(인도 시점)에 이미 수익이 발생한 것입니다. 비록 현금을 오늘 받지 못했더라도 말입니다.

❷ 발생주의에서 비용은 관련 수익이 발생된 시점에 인식한다 (수익비용대응의 원칙˙)

수익을 인식하는 것은 직관적인 이해가 가능한데, 비용을 인식하는 것은 조금 어렵습니다. 회사는 돈을 벌기 위해서 돈을 씁니다. 예컨대, 커피전문점이 커피를 팔아서 돈을 벌려면 원두와 컵, 시럽 등을 구입해야 합니다. 아직 커피를 팔지는 못했어도 일단 재료들을 준비해야 팔 수 있습니다. 현금주의에서는 원두와 컵, 시럽을 구입했을 때, 즉 현금을 썼을 때 지출로 기록합니다. 아직 돈을 벌지도 못했는데 지출이 발생했으므로 처음부터 손실로 시작합니다.

발생주의에서는 회사가 돈을 벌기 위해 돈을 쓴다는 점을 중요하게 생각합니다. 비용은 돈을 벌기 위해 사용된 원가를 의미합니다. 수익이 발생하지 않으면 비용도 발생하지 않은 것으로, 수익이 발생해야 비로소 비용도 인식할 수 있습니다.

예컨대, 위의 커피전문점이 영업 시작을 위해 원두와 컵, 시럽 등을 총 5만 원어치 구입했고, 커피 한 잔당 원가는 1,000원이라고 가정해 보겠습니다. 원재료를 구입했을 때는 비용이 아니라 재고자산이라는 자산으로 기록해 둡니다. 팔기 위해 창고에 쌓아 둔 '재고자산' 말입니다. 아직 매출이 발생하지 않았기 때문에 비용도 발생하지 않았습니다. 이윽고 5,000원인 아메리카노 한 잔을 팔았을 때, 수익 5,000원을 기록함과 동시에 아메리카노 한 잔을 팔기 위해 쓴 돈 1,000원을 매출원가라는 비용으로 기록합니다. 물론 재고자산은 커피 한 잔을 팔기 위해 사용되어 없어졌으므로 커피 한 잔 원가인 1,000원만큼 감소합니다. 이와 같이 비용은 관련 수익에 대응시켜서 인식한다는 것이 발생주의의 기본 개념입니다.

> **커피전문점의 발생주의 비용 인식**
> ① 원재료 구입 시: 재고자산 5만 원 증가 & 현금 5만 원 감소(판매할 때까지 비용 변동 없음)
> ② 커피 한 잔 판매 시: 매출원가(비용) 1,000원 증가 & 재고자산 1,000원 감소(비용 감소)

| 가계부 vs. 재무제표 |

현금주의와 발생주의의 차이점 이해하기

다음은 현금주의와 발생주의에 따라 회계를 쓸 경우, 각각 어느 시점에 수익과 비용을 기록하게 되는지를 표로 나타낸 것입니다. 현금주의에서 비용은 물건을 생산했을 때(현금을 지급했을 때) 인식하고, 수익은 실제로 판매대금을 회수한 시점에 인식하게 됩니다. 반면 발생주의에서는 현금의 증감과 관계없이 실제 물건을 판매한 거래가 발생했을 때 수익과 비용을 기록합니다.

현금주의와 발생주의의 차이점

	생산	주문	인도	회수
현금주의	비용			수익
발생주의			수익·비용	

발생주의에서는 거래가 발생한 때에 수익을 기록하므로 발생 시점에서 회사의 성과는 매우 좋게 나타날 것입니다. 그런데 주로 외상으로 물건을 판 것이라면 이 회사는 좋은 회사일까요? 외상대금을 언제 돌려받을 수 있느냐에 따라 회사에 대한 평가는 엇갈릴 수 있습니다. 물건을 많이 팔았더라도 외상대금을 제때 회수하지 못하면 현금이 부족해지고 현금이 부족하면 회사가 빚을 제때 갚지 못해 부도가 날 수 있기 때문입니다.

현금주의에서는 현금 정보가 명확하지만 발생주의에서는 현금 변동에 대한 정보가 빈약합니다. 따라서 현금에 대해서는 늘 의심하고 또 의심해야 합니다. 회계를 읽거나 말할 때 이 점을 꼭 기억해 두세요. 참고로 회계 언어에서는 이러한 단점을 보완하기 위해 현금주의를 적용한 현금흐름표를 재무제표의 하나로 정해 두고 있습니다.

다음은 회계에서 거래로 보는 사례들입니다. 이 거래들을 발생주의에 따라 기록해야 한다면 그 기록 시점은 언제가 될까요?

1. 1월 10일, 중고국가 사이트에 중고 노트북 판매글이 올라왔고, 1월 11일, 구매 예약 댓글을 달았다. 1월 13일 직거래를 통해 노트북을 수령하고 현금을 지불했다.

2. 쥐마켓 앱에서 마음에 드는 노트북을 발견하고 2월 5일 장바구니에 담았다. 2월 7일 장바구니에 담았던 노트북의 컬러가 마음에 들지 않아 장바구니에서 삭제한 뒤, 2월 10일 다른 노트북을 주문하고 신용카드(일시불)로 결제했다. 노트북을 배송받은 뒤 마음에 들지 않으면 거래를 취소할 수 있다. 노트북은 2월 15일 배송되었고, 마음에 들어 사용하기로 했다. 대금 결제일은 3월 10일이다.

3. 4월 20일 삼지전자 주식 10주에 대한 매수 주문을 했으나 체결은 되지 않았다. 4월 21일 동일 주식에 대한 매수 주문이 체결되었다.

4. 5월 1일 엘성전자 주식 10주에 대한 매도 주문을 넣었으나 실제 주식 매도 계약이 체결된 것은 5월 2일이다. 주식을 판매한 대금은 5월 4일 현금으로 입금되었다.

5. 7월 7일 1년 만기 적금 상품에 가입하고 매월 10만 원씩 보통예금 통장에서 자동이체 되도록 신청했다. 1회차 적금은 7월 25일 최초로 불입되었다.

* * *

발생주의에 따른 거래 시점

번호	날짜	거래	내용
1	1월 13일	중고 노트북 구매 거래	노트북 증가 & 현금 감소
2	2월 10일	카드 결제 거래	선급금 증가 & 외상 빚 증가
	2월 15일	노트북 인수 거래	노트북 증가 & 선급금 감소
	3월 10일	카드 대금 납부	외상 빚 감소 & 현금 감소
3	4월 21일	주식 매수 거래	주식 증가 & 현금 감소
4	5월 2일	주식 매도 거래	받을 돈(채권) 증가 & 주식 감소
	5원 4일	주식 대금 입금 거래	현금 증가 & 받을 돈(채권) 감소
5	7월 25일	계좌이체 거래	적금 증가 & 보통예금 감소

14

회계 쓰기의 육하원칙 (5) 어떻게(How):
복식부기

| 회계는 '어떻게' 쓰나 |

두 가지로 나눠 쓴다

육하원칙 요소	가계부 쓰기	회계 쓰기	재무제표 작성하기
어떻게(How)	하나로 쓴다	두 가지로 나눠 쓴다	복식부기

'회계를 어떻게 쓰는가?' 이것은 회계를 언제 쓰느냐와 더불어 가계부 쓰기와 회계 쓰기를 구분 짓는 가장 핵심적인 요소입니다. 가계부를 어떻게 쓰느냐고 묻는다면 솔직히 그냥 대충 쓴다고 대답할 수 있습니다. 그에 반해 회계는 '두 가지로 나눠' 씁니다. 2명이 팀을 이뤄 하는 경기를 복식경기, 혼자 하는 경기를 단식경기라고 하지요. 회계 언어에서도 두 가지로 나눠 쓰는 방법을 '복식부기(複式簿記, Dual Entry System)'라고 부릅니다. 복식부기가 아닌 회계 기록 방법은 모두 단식부기라고 합니다. 그러니 대충 쓰는 가계부는 단식부기에 따라 쓴 것이 됩니다.

갑자기 복식부기라는 어려운 단어가 등장했습니다만, 너무 긴장할 필요는 없습니다. 두 개로 나눠 쓴다는 것이 구체적으로 무슨 의미인지만 확인하면 됩니다.

✱ 알아두세요

부기(簿記)
말 그대로 장부에 기록한다는 뜻입니다. 회계 쓰기와 유사한 단어라고 생각해도 됩니다.

회계가 무엇을 쓰는 것인지 알아보면서 거래는 가는 것과 오는 것이 동일하게 변한다고 했습니다. 거래가 발생했을 때, 가는 것과 오는 것 두 가지를 동시에 나누어 써 줍니다. 이것이 바로 복식부기입니다. 복식부기로 회계를 쓴다는 것은 회계 읽기에서 상당히 중요한 의미를 갖습니다. 현금이라는 항목이 감소했을 때에는 반드시 그에 합당한 다른 항목의 변동이 재무제표에 적혀 있다는 뜻이기 때문입니다.

■ 현금 5,000만 원을 주고 자동차를 구입했다.

현금과 자동차라는 재산의 변동이 있었고, 금액으로 측정이 가능하므로 이 사건은 회계 쓰기에서 거래입니다. 현금 5,000만 원이 감소한 이유는 무엇일까요? 바로 자동차 5,000만 원이 증가했기 때문입니다. 이 거래는 가계부에서는 현금 지출 5,000만 원만 기록되지만, 회계에서는 현금 5,000만 원이 감소하고(가는 것), 자동차 5,000만 원이 증가한 것(오는 것)으로 기록됩니다.

거래	가계부 쓰기(단식부기)	회계 쓰기(복식부기)
5,000만 원 상당의 자동차 구입	현금 지출 5,000만 원	자동차 5,000만 원 증가
		현금 5,000만 원 감소

거래에 딸린 가는 것과 오는 것, 두 가지의 변화는 재무제표에 반드시 담겨 있습니다. 복식부기에 따라 회계를 쓰기 때문입니다. 재무제표를 읽을 때, 이상한 변화가 있으면 그 원인이 무엇인지 추리해 보는 습관을 가져 봅시다.

15

회계 쓰기의 육하원칙 (6) 어디에(Where):
계정

| 회계는 '어디에' 쓰나 |

회계는 계정에 쓴다

육하원칙 요소	가계부 쓰기	회계 쓰기	재무제표 작성하기
어디에(Where)	현금 출납장에 쓴다	계정에 쓴다	계정

가계부의 월말 잔액은 그달 말의 현금 잔고가 얼마인지를 알려 줍니다. 가계부는 현금의 증감을 기록하는 현금 출납장이기 때문에 그렇습니다. 그런데 회계에서는 반드시 가는 것과 오는 것의 두 가지가 동일하게 변한다고 했습니다. 현금을 지급하면 그에 따른 보상이 따라오는 것입니다. 따라서 현금 외에 다른 재산의 증감을 적을 곳이 필요해졌습니다.

이때 재산 항목별로 그 증감을 기록하고 계산하기 위해 '계정(計定)'이라는 단위를 사용하게 됩니다. 한자로는 계산할 '계(計)'와 정할 '정(定)' 자를 쓰는데, '증감을 계산하기 위해 정한 단위' 정도로 이해해 두면 무난합니다. 영어로는 account라고 합니다. 계정이 가상의 단위라면 각 재산별로 이름을 붙인 것은 계정과목(=계정 이름, 계정 제목)이라고 합니다. 현금 계정, 건물 계정, 매출 계정, 비용 계정 등과 같은 식입니다.

■ 현금 5,000만 원을 주고 자동차를 구입했다.

위 사건은 회계에서 각각 ① 현금 계정 5,000만 원이 감소 ② 자동차 계정 5,000만 원이 증가한 거래입니다.

| 재무제표의 탄생 |
계정별 가계부의 요약본

★ 알아두세요
분개와 전기

거래가 발생했을 때 그것이 회계상 거래인지를 파악하고, 어느 계정과목에 해당하는 거래인지, 얼마의 금액을 기록할 것인지 결정하는 것을 분개(journalizing)라고 합니다. 이렇게 파악한 거래를 계정에 옮겨 적는 것이 전기(posting)입니다. 회계 프로그램이나 시스템을 이용하여 회계를 쓰기 때문에 분개와 동시에 전기가 이루어집니다. 때문에 분개와 전기를 구분하는 것이 큰 의미는 없습니다.

거래가 발생할 때마다 각각 두 개씩의 계정과목을 찾아서 금액을 옮겨 적습니다.* 이렇게 적다 보면 월말이 되었을 때 각 계정별로 가계부가 하나씩 생겨 있을 겁니다. 이 계정별 가계부를 계정별원장(ledger)이라고 부릅니다. 계정별원장을 모두 헤쳐 모아 놓은 것을 총계정원장(general ledger, GL)이라고 하는데, 명칭은 크게 신경 쓸 필요 없습니다. 여기서 중요한 것은 각 계정별원장(또는 총계정원장)의 잔액과 일정 기간 동안의 변동 금액 총액을 보기 좋게 요약하고 정리하면 그게 바로 재무제표가 된다는 점입니다. 재무제표로 정리하는 방법은 회계 읽기 편에서 좀 더 자세히 살펴보겠습니다. 재무제표는 사실 각 계정별로 산재해 있는 가계부를 모아서 요약해 놓은 보고서일 뿐입니다.

16

실전 회계 쓰기 연습

회계, 이렇게 쓴다

지금까지 회계 쓰기의 육하원칙에 대해서 살펴보았습니다. 이제부터는 회계 쓰기 실전연습입니다. 실제로 회계를 육하원칙에 따라 어떻게 쓰는지 그 과정을 살펴볼 것입니다. 중간중간 어렵거나 이해되지 않는 개념이 있더라도 신경 쓰지 마세요. 이 코너는 실제로 육하원칙에 따라 회계가 쓰여지는 과정을 확인하기 위한 것일 뿐입니다.

회사를 설립하고 운영하며 발생할 수 있는 7가지 사건을 적어 보았습니다.

① 1월 1일 김주주는 자본금 1억 원을 투자하여 회사 A를 설립했다.

② 1월 1일 회사 A는 대표이사 겸 직원으로 이대표를 선임했다.

③ 1월 5일 이대표는 회사 B로부터 1,000만 원 상당의 용역매출 계약을 따냈다.

④ 1월 10일 이대표는 회사 업무용 차량을 5,000만 원에 구입하고 현금 결제했다(감가상각은 없다).

⑤ 1월 15일 이대표는 용역매출 계약에 따라 회사 B에게 1,000만 원어치 용역을 제공했고, 용역 대금은 5일 후에 받기로 했다.

⑥ 1월 20일 회사 B는 회사 A에게 용역 대금 1,000만 원을 송금했다.

⑦ 1월 25일 회사 A는 이대표에게 월급 500만 원을 현금으로 지급했다.

각각의 사건을 육하원칙에 따라 분석하는 것이 회계 쓰기의 시작입니다. 육하원칙 중 '왜'는 모든 사건에 적용되는 공통의 원칙이므로 가장 먼저 살펴보도록 하겠습니다.

| 육하원칙에 따라 회계 써 보기 |
회사의 7가지 사건 쓰기

회사 A는 김주주가 투자한 돈을 어떻게 사용했는지, 얼마나 잘 벌었는지 보고하기 위해 회계를 씁니다. 회사 A가 자금이 필요하다면 대출을 받기 위해 은행에 회계로 잘 쓰인 재무제표를 제출해야 합니다. 은행에서는 재무제표를 보고 대출 여부를 결정하게 됩니다. 그러므로 회사 A는 모든 사건을 정확하고 명료하게 회계로 표현해야 합니다.

자, 이제 본격적으로 육하원칙에 따라 회계를 써 봅시다.

❶ 1월 1일 김주주는 자본금 1억 원을 투자하여 회사 A를 설립했다(투자 받은 거래)

누가 who 회사에 투자하고 돈을 댄 것은 김주주이지만 회계를 쓰는 주체는 회사 A입니다. 따라서 모든 거래는 회사 입장에서 살펴봐야 합니다. → 회사 A 가 쓴다.

무엇을 what 회사 A는 투자 명목으로 현금 1억 원을 받았습니다. 회사의 재산(현금, 자본금)이 변하고 그 금액을 측정할 수 있으므로 회계상 거래입니다. → 투자받은 거래를 쓴다.

언제 when 회사 A가 투자받은 거래는 1월 1일 발생했습니다. → 1월 1일 거래가 발생했을 때 쓴다.

어떻게 how 현금 1억 원이 증가하고 동시에 자본금 1억 원이 증가했습니다. → 투자반은 거래를 현금의 증가와 자본금의 증가, 두 개로 나누어 적는다.

어디에 where 현금 계정과 자본금 계정에 적는다.

회계 쓰기: 1월 1일 현금 계정 1억 원 증가 & 자본금 계정 1억 원 증가

(분개*) 1월 1일 (차변) 현금 1억 (대변) 자본금 1억

✱ 알아두세요

분개

회계 원어민들은 실제로 회계 쓰기를 어떻게 하는지 확인하는 차원에서 각 거래의 분개를 표시하였습니다. 앞서 살펴본 거래의 8요소가 여기에서 활용되는데요, 자산이 증가하면 왼쪽(차변)에, 감소하면 오른쪽(대변)에 써 주면 됩니다. 마찬가지로 자본이 증가하면 오른쪽(대변)에, 감소하면 왼쪽(차변)에 써 줍니다. 구경하는 마음으로 살펴보면 되니 굳이 외우려고 하지 않아도 됩니다.

왼쪽(차변)	오른쪽(대변)
자산 증가	자산 감소
부채 감소	부채 증가
자본 감소	자본 증가
비용 발생	수익 발생

❷ 1월 1일 회사 A는 대표이사 겸 직원으로 이대표를 선임했다

무엇을 what 대표 선임으로 회사의 재산에 변화가 없고, 금액도 측정할 수 없습니다. 회계상 거래가 아닙니다. → 회계를 쓰지 않는다.

회계 쓰기: 없음

❸ 1월 5일 이대표는 회사 B로부터 1,000만 원 상당의 용역매출 계약을 따냈다

무엇을 what 계약을 따냈다는 것만으로는 회사의 재산에 변화가 없고, 금액도 측정할 수 없습니다. 회계상 거래가 아닙니다. → 회계를 쓰지 않는다.

언제 when 계약 체결 시점에서는 아직 거래가 발생하지 않았습니다. → 회계를 쓰지 않는다. 회계는 용역 제공이 완료되어 대금을 받을 권리가 생길 때(거래가 발생했을 때) 쓴다.

회계 쓰기: 없음

❹ 1월 10일 이대표는 회사 업무용 차량을 5,000만 원에 구입하고 현금 결제했다(자동차 구입 거래)

누가 who 계약은 이대표가 했지만 회사를 대신하여 회사 명의로 차량을 구입한 것입니다. 회계를 쓰는 주체는 회사입니다. → 회사 A가 쓴다.

무엇을 what 회사의 재산(현금, 자동차)이 변하고, 그 금액을 측정할 수 있으므로 회계상 거래입니다. → 자동차 구입 거래를 쓴다.

언제 when 회사 A가 자동차를 구매한 거래는 1월 10일 발생했습니다. → 1월 10일 거래가 발생했을 때 쓴다.

어떻게 how 현금 5,000만 원이 감소하고, 동시에 자동차 5,000만 원이 증가했습니다. → 자동차 구입 거래를 현금의 감소와 자동차의 증가로 하여 두 개로 나누어 적는다.

어디에 where 현금 계정과 자동차 계정에 적는다.

회계 쓰기: 1월 10일 현금 계정 5,000만 원 감소 & 자동차 계정 5,000만 원 증가

(분개) 1월 10일 (차변) 자동차 5,000만 (대변) 현금 5,000만

---

❺ 1월 15일 이대표는 회사 B에게 1,000만 원에 상당하는 용역을 제공했고, 용역 대금은 5일 후에 받기로 했다(매출 거래)

누가 who 몸을 움직여서 실제로 용역을 제공한 것은 이대표이지만 회사 명의로 용역을 제공한 것입니다. 회계를 쓰는 주체는 회사입니다. → 회사 A가 쓴다.

무엇을 what 회사의 재산(매출, 미래에 돈을 받을 권리)이 변하고, 그 금액을 측정할 수 있으므로 회계상 거래입니다. → 용역 매출 거래를 쓴다.

언제 when 회사 A가 용역을 제공한 거래는 1월 15일 발생했습니다. → 1월 15일 거래가 발생했을 때 쓴다.

어떻게 how 매출 1,000만 원이 증가하고, 동시에 현금을 받을 권리 1,000만 원이 증가했습니다. → 용역 제공 거래를 매출의 증가와 미래에 돈을 받을 권리의 증가로 하여 두 개로 나누어 적는다.

어디에 where 매출 계정과 외상매출금(미래에 돈을 받을 권리) 계정에 적는다.

회계 쓰기: 1월 15일 외상매출금 계정 1,000만 원 증가 & 매출 계정 1,000만 원 증가

> (분개) 1월 15일 (차변) 외상매출금 1,000만 (대변) 매출 1,000만

❻ 1월 20일 회사 B는 회사 A에게 용역 대금 1,000만 원을 송금했다(대금 수취 거래)

누가 who 회사 A는 용역 대금을 받았습니다. 회계를 쓰는 주체는 회사입니다. → 회사 A가 쓴다.

무엇을 what 회사의 재산(현금, 미래에 돈을 받을 권리)이 변하고, 그 금액을 측정할 수 있으므로 회계상 거래입니다. → 용역 대금 수취 거래를 쓴다.

언제 when 회사 A가 용역 대금을 수취한 거래는 1월 20일 발생했습니다. → 1월 20일 거래가 발생했을 때 쓴다.

어떻게 how 현금 1,000만 원이 증가하고, 동시에 현금을 받을 권리 1,000만 원이 감소했습니다. → 용역 제공 거래를 현금의 증가와 미래에 돈을 받을 권리의 감소로 하여 두 개로 나누어 적는다.

어디에 where 현금 계정과 외상매출금(미래에 돈을 받을 권리) 계정에 적는다.

회계 쓰기: 1월 20일 현금 계정 1,000만 원 증가 & 외상매출금 계정 1,000만 원 감소

(분개) 1월 20일 (차변) 현금 1,000만 (대변) 외상매출금 1,000만

❼ 1월 25일 회사 A는 이대표에게 월급 500만 원을 현금으로 지급했다(인건비 지급 거래)

누가 who 회사 A는 이대표에게 비용을 지불했습니다. 회계를 쓰는 주체는 회사입니다. → 회사 A가 쓴다.

무엇을 what 회사의 재산(현금, 인건비)이 변하고, 그 금액을 측정할 수 있으므로 회계상 거래입니다. → 인건비 지급 거래를 쓴다.

언제 when 회사 A가 인건비를 지급한 거래는 1월 25일 발생했습니다. → 1월 25일 거래가 발생했을 때 쓴다.

어떻게 how 현금 500만 원이 감소하고, 동시에 인건비 500만 원이 증가했습니다. → 인건비 지급 거래를 현금의 감소와 인건비의 증가로 하여 두 개로 나누어 적는다.

어디에 where 현금 계정과 인건비 계정에 적는다.

회계 쓰기: 1월 25일 현금 계정 500만 원 감소 & 인건비 계정 500만 원 증가

(분개) 1월 25일 (차변) 인건비 500만 (대변) 현금 500만

사건별로 회계를 쓰고 모아 두면 다음과 같은 계정별 보고서가 완성되는데, 이것이 바로 앞에서 이야기했던 총계정원장입니다.

▼ 현금 계정

날짜	사건번호	적요	증가	감소	잔액
01월 01일	①	투자받은 거래	1억 원		1억 원
01월 10일	④	자동차 구입 거래		5,000만 원	5,000만 원
01월 20일	⑥	대금 수취 거래	1,000만 원		6,000만 원
01월 25일	⑦	인건비 지급 거래		500만 원	5,500만 원

▼ 자동차 계정

날짜	사건번호	적요	증가	감소	잔액
01월 10일	④	자동차 구입 거래	5,000만 원		5,000만 원

▼ 외상매출금 계정

날짜	사건번호	적요	증가	감소	잔액
01월 15일	⑤	매출 거래	1,000만 원		1,000만 원
01월 20일	⑥	대금 수취 거래		1,000만 원	0

▼ 자본금 계정

날짜	사건번호	적요	증가	감소	잔액
01월 01일	①	투자받은 거래	1억 원		1억 원

▼ 매출 계정

날짜	사건번호	적요	증가	감소	잔액
01월 15일	⑤	매출 거래	1,000만 원		1,000만 원

▼ 인건비 계정

날짜	사건번호	적요	증가	감소	잔액
01월 25일	⑦	인건비 지급 거래	500만 원		500만 원

이렇게 늘어놓은 총계정원장을 간결하고 보기 좋게 요약해서 정리하면 그것이 재무제표가 됩니다. 재무제표의 자세한 내용은 회계 읽기와 말하기에서 살펴보겠습니다. 여기에서는 각 계정들의 잔액이 모여서 재무제표로 요약되어 표시되는 그 과정에 집중하세요.

▼ 1월 31일 현재 재무상태표

자산		부채와 자본	
현금	5,500만 원	자본금	1억 원
자동차	5,000만 원	이익잉여금(이익 누적액)	500만 원
계	1억 500만 원	계	1억 500만 원

▼ 1월 1일 ~ 1월 31일 손익계산서

번 돈(매출)	1,000만 원
쓴 돈(비용)	(-)500만 원
남은 돈(이익)	500만 원

회계
상식

회계 문법 | **회계 쓰기의 기준**

★ 알아두세요

문법
언어를 사용할 때 필요한 규칙이
나 체계를 말합니다.

회계 문법, 회계기준!

모든 언어에는 문법*이 존재합니다. 한국어나 영어 같은 언어뿐만 아니라 프로그래밍 언어에도, 회계 언어에도 당연히 문법이 있습니다. 회계 문법을 공식적으로는 회계기준, 회계원칙 등으로 부릅니다. 재무제표 표시 방법, 회계 측정 기준 등, 회계 쓰기에 대한 각종 기준과 약속들을 모아둔 것입니다.

문법을 배우는 것은 어렵고 지루합니다. 문법이라는 이름 아래 이유 없이 따라야 하는 규칙과 약속들이 많기 때문입니다. 그래서인지 회계 문법을 배우는 도중에 한계에 부딪쳐 회계 언어를 포기하는 사람들도 많습니다. 그나마 다행인 것은 회계 문법이 주로 사용되는 영역은 회계 쓰기라는 점입니다. 회계 쓰기는 회계 원어민들이 하는 활동이지요. 회계 외국인들은 회계 원어민들이 회계 문법에 따라 써 놓은 재무제표를 읽고 말할 수 있으면 됩니다. 회계 문법을 모두 알고 회계 언어를 사용한다면 두말할 나위 없이 좋겠지만 지금은 회계 문법에 근거하여 회계 쓰기가 이루어진다는 것을 알고, 어떤 문법을 사용했는지에 따라 재무제표가 달라질 수 있음을 이해하기만 해도 충분합니다. 회계 문법을 잘 몰라도 회계를 읽고 말할 수 있으니까요.

어려운 회계 문법을 왜 사용할까?

회계 문법이 사실 어렵긴 합니다. 회계 원어민들이 회계 언어를 독점하고 싶어서 일부러 문법을 어렵게 만든 것은 아닙니다.

일정한 기준 없이 작성자 마음대로 중구난방으로 회계를 쓴다면 어떨지 상상해 봅시다. 작성자마다 자기 마음대로 재무제표를 만들어 낸다면, 본인 이외의 다른 사람은 그 재무제표를 이해할 수 없을 것입니다. 당연히 재무제표가 제대로 작성된 것인지 의심이 들 수밖에 없습니다. 신뢰성이 떨어지지요. 작성 기준이 다르니 다른 회사의 재무제표와도 비교할 수 없습니다.

결국 회계 문법이 없으면 회계를 쓰는 자와 읽고 말하는 자 사이의 의사소통이 제대로 이루어질 수 없습니다. 회계가 언어로서의 역할을 제대로 수행하지 못한다는 의미입니다.

회계기준에 따라 재무제표를 작성하는 공식적인 이유는 재무제표의 신뢰성, 이해가능성, 비교가능성을 높이기 위함입니다. 회계 언어적 관점에서 살펴보자면 사람들이 회계 언어를 믿고 사용할 수 있도록 회계 문법을 사용하여 회계를 씁니다.

물론 회계 문법이 처음부터 지금의 형태대로 떡하니 만들어져 있었던 것은 아닙니다. 오랜 시간 경제 활동이 이루어지면서 그 시대의 정치·경제·문화적 필요에 의해 회계를 위한 각종 약속들이 생겨나거나 없어지고, 때론 변경되기도 하면서 현재의 회계 문법으로 정리되었습니다. 그리고 오늘날에도 회계 문법은 계속해서 진화하고 있습니다.

나라마다 다양한 회계 문법과 IFRS의 등장

회계 문법은 '회계에서 일반적으로 인정되고 사용되어 온 기준'이라는 의미에서 '일반적으로 인정된 회계원칙(Generally Accepted Accounting Principles, GAAP)'이라고도 부릅니다.

세상에는 다양한 종류의 언어가 있습니다. 게다가 같은 영어라도 미국에서 쓰는 말과 영국에서 쓰는 말이 다르듯 나라와 지역에 따라 다른 말로 사용되기도 하지요. 회계 언어도 마찬가지입니다. 나라마다 고유의 문화와 역사를 가지고 있고 경제상황도 각각 다릅니다. 이런 이유로 나라마다 특수한 역사와 경제상황을 반영하여 고유의 회계 언어와 회계 문법을 사용해 왔습니다. 한국에서도 과거에는 '기업회계기준(Korean GAAP, K-GAAP)'이라는 회계 문법을 사용했습니다. 현재 미국은 미국회계기준(US-GAAP, U-GAAP)을, 일본은 일본회계기준(Japanese-GAAP, J-GAAP)을 사용하고 있습니다.

바야흐로 누구나 미국 증권 시장에 상장된 애플사의 주식을 사고팔 수 있는 시대입니다. 어느 회사든 외국의 증권거래소에 상장할 수도 있고, 외국의 투자자로부터 자금을 조달할 수도 있습니다. 한국 회사 <주식회사 한국>이 미국 증권거래소에 상장을 준비한다고 칩시다. <주식회사 한국>은 회계 문법으로 K-GAAP을 사용하는데, 미국 증권거래소에 상장을 하려면 무조건 U-GAAP을 사용하여 작성한 재무제표를 미국 관계 당국에 제출해야 합니다. 주식이 미국에서 거래되는 것이니 미국 법을 따를 수밖에 없습니다. <주식회사 한국>은 어쩔 수 없이 K-GAAP으로 작성된 재무제표가 있음에도 불구하고 U-GAAP을 사용한 재무제표를 다시 작성*해야 합니다. 회계 언어의 번역이 필요해진 것입니다. 번역가를 고용하거나 번역 능력이 있는 사람이 이 작

✽ 알아두세요
GAAP 컨버전(Conversion)이라고 부릅니다.

업을 수행해야 합니다. 이 작업은 미국에서 상장 폐지가 될 때까지는 계속되어야 하므로 회사는 양국의 회계 문법을 사용하는 회계 쓰기 시스템 두 가지를 각각 운용하든지, 혹은 지속적인 사후관리를 해 주어야 합니다. 비용도 들고 시간도 소요되며 번거롭기까지 합니다. 두 나라의 회계 문법을 알아야 하니 어려운 것은 덤입니다. 관리가 힘든 것은 두말할 나위 없습니다.

이런 이유로 국제적으로 통일된 회계 문법의 필요성이 대두되기 시작했습니다. 통일된 회계기준은 재무제표를 다른 회계 언어로 번역해야 하는 부담과 비용을 덜어 주고, 세계 각국의 재무제표 이용자들이 타국에 존재하는 회사의 재무제표도 쉽게 이해하고 분석할 수 있도록 해 줍니다. 이러한 필요에 따라 많은 나라의 회계 관련 기관들이 모여 설립하고 참여한 국제회계기준위원회(IASB)에서는 수년간의 연구와 검토 끝에 국제회계기준(International Financial Reporting Standard, IFRS)을 제정하기에 이르렀습니다. 2019년 현재 유럽연합 소속 국가, 우리나라를 포함하여 약 160여 개[*] 국가들이 IFRS를 회계 문법으로 도입하였습니다.

★ 알아두세요
IFRS 도입 국가가 어디인지 궁금하다면 국제회계기준재단(IFRS Foundation) 홈페이지(www.ifrs.org)에서 확인할 수 있습니다.

우리나라의 회계 문법

우리나라에서 회계 문법을 사용해야 하는 근거는 '상법'에서 찾을 수 있습니다. 상법에서는 회사가 재무제표를 작성할 때 일반적으로 공정·타당한 회계 관행에 따라야 한다고 규정하고 있습니다. 한편, '주식회사 등의 외부감사에 관한 법률(외감법)'에서는 외부감사대상 회사는 한국회계기준원에서 제정한 한국채택국제회계기준(Korean-IFRS, K-IFRS) 및 일반기업회계기준을 사용해야 한다고 규정하고 있습니다.

(1) 한국채택국제회계기준

국제회계기준을 한국 실정에 맞게 일부 수정한 것을 한국채택국제회계기준이라고 합니다. 우리나라에서 상장회사(상장 예정회사 포함)나 금융기관은 의무적으로 한국채택국제회계기준을 적용해야 합니다. 한국채택국제회계기준을 사용했다면 국제회계기준을 사용한 것으로 간주합니다. 따라서 한국채택국제회계기준을 적용하여 재무제표를 작성한 회사가 국제회계기준을 도입한 외국의 증권거래소에 상장할 때, 재무제표를 다른 회계 문법으로 번역할 필요 없이 그대로 사용할 수 있습니다.

참고로 미국이나 일본은 아직 국제회계기준을 의무적으로 적용하고 있지는 않습니다 (2019년 8월 현재). 그럼에도 불구하고, 외국회사가 국제회계기준을 적용하여 재무제표를 작성했다면 그 재무제표도 자국의 회계 문법에 따라 작성된 것으로 인정해 줍니다. 즉, 회계 문법을 번역할 필요가 없습니다.

(2) 일반기업회계기준

상장회사나 금융기관 외의 외부감사대상 회사는 한국채택국제회계기준과 일반기업회계기준 중 하나를 선택하여 적용할 수 있습니다. 일반기업회계기준은 과거 사용하던 K-GAAP을 수정하고 보완한 것으로 한국채택국제회계기준에 비해 그 적용이 간편하고 번거로움이 덜합니다. 규모가 작은 회사들을 배려해 좀 더 간편한 회계 문법을 사용할 수 있도록 한 것입니다. 따라서 실무적으로는 사정이 없는 한, 일반기업회계기준을 적용하는 회사들이 많습니다.

(3) 중소기업회계기준

외부감사를 받지 않는 중소기업은 상법에 따라 중소기업회계기준을 적용할 수 있습니다. 중소기업회계기준은 일반기업회계기준보다도 훨씬 쉽고 간편합니다. 중소기업을 배려하여 간편하고 쉽게 사용할 수 있는 간소화시킨 회계 문법이라고 이해하면 됩니다.

각 회계기준의 차이

	한국채택국제회계기준	일반기업회계기준	중소기업회계기준
대상	주권상장법인, 상장하려는 주식회사, 금융회사	비상장 외부감사대상 회사	외부감사대상이 아닌 중소기업
근거법	상법, 외감법	상법, 외감법	상법

셋째 마당

• • • • • •

회계 읽기,
재무제표
직역하기

회계 읽기는 재무제표가 무엇인지를 이해하고, 각각의 재무제표
가 말하는 바를 확인하고 이해하는 활동입니다. 복잡한 분석이나
추리는 필요하지 않습니다. 여러 가지 회계 읽기의 기술을 통해
회계를 편안하게 읽는 방법을 배워 보겠습니다.

17

회계 읽기의 이해

회계 읽기와 회계 말하기는 별개다

모든 언어활동이 그렇듯, 회계 언어활동도 쌍방의 의사소통으로 이루어집니다. 회사가 회계 언어로 쓴 작품(재무제표)을 독자들이 읽으면서 회사가 이야기하고자 하는 바를 파악하고, 의사결정에 활용하기도 하는 회사와 독자들 간에 일어나는 의사소통 과정입니다. 회계 언어에 대해 말할 때, '재무제표 읽기'라는 표현을 많이 사용합니다. 여기서 재무제표 읽기는 연속적으로 이루어지는 회계 읽기와 회계 말하기를 모두 포함하는 말입니다.

작품을 읽을 때 독자들은 먼저 적혀진 글자나 패턴을 파악한 뒤 문장들의 사전적인 의미를 이해합니다. 그런 다음 비로소 작가의 의도나 시대적 배경 등에 따라 작품이 말하고자 하는 본질적인 의미가 무엇인지를 이해할 수 있게 됩니다. 재무제표를 읽을 때도 마찬가지입니다. 우선은 재무제표 자체를 이해(회계 읽기)해야 그 재무제표를 분석(회계 말하기)할 수 있습니다. 둘로 나뉘어져 있는 활동을 한 번에 해내려다 보니 재무제표 읽기가 어려운 것입니다. 이 책에서는 재무제표 읽기를 회계 읽기와 회계 말하기라는 두 가지 활동으로 나누어 각각 따로 살펴볼 것입니다. 회계 외국인들은 회계 읽기만으로도 벅차고 어려울 수 있습니다. 그러나 '천 리 길도 한 걸음부터'라고 했습니다. 급할 것은 없습니다. 먼저 회계 읽기에 익숙해진 후, 그 다음 단계인 회계 말하기에 진입하도록 합시다.

- 회계 읽기: 재무제표 자체를 이해하는 것
- 회계 말하기: 재무제표를 분석하고 활용하는 것

회계 읽기는 재무제표에 적힌 그대로를 읽고, 회사가 말하고자 하는 내용이 무엇인지를 이해하는 활동입니다. 재무제표를 읽되, 단어의 의미에 충실하게 번역하여 읽는 직역을 한다고 생각해도 좋습니다. 회계 읽기에 능숙해지면 어느 순간 회계 원어민처럼 재무제표를 보자마자 바로 분석을 마치고 의사결정에 활용하는 회계 말하기까지 할 수 있습니다. 지금은 재무제표가 무엇인지 이해하고, 재무제표의 표현 방식을 배우는 것이 우선입니다.

18

회계 무작정 따라하기

회계 읽기의 기술

| 회계 읽기의 기술 (1) |

회사의 일생(회사의 사업 활동) 이해하기

본격적으로 회계 읽기를 배우기에 앞서 회계를 쉽게 읽는 기술 3가지를 알려 드리겠습니다. 재무제표는 회사가 어떻게 사업을 하는지 그 스토리를 회계 언어로 적은 작품이라고 했습니다. 그러니 회사의 일생, 회사의 스토리를 먼저 이해한다면 회사의 사업 활동이 실제로 어떻게 이루어지는지를 숫자로 쓴 회계를 이해하는 것이 한결 수월해집니다.

❶ 회사의 시작과 자금 조달

회사가 설립되어 사업을 하려면 돈이 필요합니다. 그 돈은 창업자나 투자자('주주'라고 하지요)로부터 얻을 수 있습니다. 그러고도 돈이 모자라면 은행('채권자'라고 합니다)에서 빌릴 수도 있습니다. 채권자에게 빌린 돈은 언젠가 갚아야 합니다. 주주로부터 투자받은 자금은 회사가 청산할 때까지 돌려줄 필요는 없습니다. 다만 투자에 대한 대가로 주주는 회사가 번 이익을 분배받을 권리와 회사의 중요한 의사결정에 참여할 수 있는 권리 등을 갖습니다.

❷ 사업을 위한 재산 마련

회사는 조달한 자금으로 사업을 위한 다양한 재산을 구입합니다. 제품을 만들어 낼 공장이나 기계도 필요하고, 컴퓨터나 복사기는 물론 볼펜이나 포스트잇, 종이 같은 각종 사무용품도 구비해야 합니다. 당연히 이렇게 구입한 재산들은 사장님 소유가 아니라 회사의 것입니다.

❸ 사업의 영위 – 돈을 벌고 쓰기

회사는 다양한 활동을 통해 사업을 영위합니다. 이 과정에서 돈을 벌기도 하고 돈을 쓰기도 합니다. 임직원에게 급여를 지급한다든가 원재료를 살 수도 있습니다. 그리고 일부는 당연히 채권자들에게 정해진 이자비용을 지급하는 데 사용해야 합니다. 이자를 제때 내지 못하면 채무불이행 상태가 되어 부도가 날 수도 있으니까요. 물론 회사가 번 이익에 대해서는 국가에 세금도 내야 합니다.

❹ 배당과 이익의 유보 – 남은 돈의 사용

국가에 세금까지 납부하고도 남은 돈은 오롯이 주주의 몫입니다. 주주는 배당이라는 명목으로 남은 돈을 가져갈 수도 있고, 회사의 미래 투자를 위해 회사 내에 쌓아 두기도 합니다.

이외에도 회사는 정말 다양한 활동들을 영위합니다만, 회계 읽기를 위해서는 이 정도의 기본 활동만 이해해도 충분합니다. 회사의 각 활동들이 회사의 일생에 맞춰 고스란히 숫자로 변환되어 재무제표에 기록됩니다.

회계 쓰기의 원칙 이해하기

✱ 알아두세요 ─────
재무제표를 작성하는 6가지 원칙.
회계 쓰기와 관련하여 '누가, 무엇을, 언제, 어떻게, 어디에, 왜'라는 6가지 포인트를 기억해 두면 회계를 이해하는 데 많은 도움이 됩니다.

회계 쓰기에서 살펴본 것처럼 회계는 육하원칙˚에 따라 씁니다. 어떻게 작성했는지를 알면 당연히 회계 읽기는 땅 짚고 헤엄치는 것처럼 쉽습니다. 그래서 회계 쓰기의 원칙을 아는 것이 바로 회계 읽기의 기술이 되는 것입니다.

다만, 회계 쓰기는 회계 원어민들이 재무제표를 작성하는 방법이므로 외국인들이 굳이 다 알 필요는 없습니다. 여기에서는 회계 쓰기의 육하원칙 중에 가장 직관적이고 이해하기 쉬운 2가지 원칙을 복습해 보도록 하겠습니다. 이 2가지 원칙만 알아도 회계 읽기가 훨씬 수월해집니다.

❶ 회계는 회사가 쓴다 ⇒ Who

회계는 회사가 씁니다. 물론 회계 쓰기 실무는 회계 부서에서 담당하겠지만 어디까지나 회계를 쓰는 주체는 회사라는 의미입니다. 회사가 회계를 쓴다는 것은 많은 시사점을 갖습니다. 회사는 주주와 채권자의 눈치를 봐야 합니다. 주주와 채권자는 회사의 재산 중에서 자신들의 몫이 얼마인지를 알고 싶어 합니다. 회사가 벌어들인 이익 중에서 본인들의 몫이 얼마나 되는지 확인하고 싶어 합니다. 그러니 주주와 채권자를 위해 회사의 재산과 회사가 벌어들인 이익은 주주와 채권자 몫으로 구분하여 표시하는 게 좋겠지요?

❷ 회계는 보고하기 위해 쓴다 ⇒ Why

회사는 주주와 채권자로부터 조달한 자금을 허투루 쓰지 않고 잘 사용하고 있다는 것을 보여주기 위해, 또 투자 매력도가 높은 회사라는 것을 어필하기 위해 회계를 씁니다. 즉, 회계는 누군가에게 보여 주기 위한 보고 목적으로 씁니다. 이렇게 작성된 재무제표는 주주와 채권자의 회사에 대한 감시 수단으로 혹은 추가적인 투자나 투자 중단 의사결정 등을 위한 도구로 사용됩니다.

| 회계 읽기의 기술 (3) |
재무제표가 무엇인지 이해하기

회계 읽기는 재무제표를 있는 그대로 직역하는 것이라고 했습니다. 각각의 재무제표는 회사가 주주나 채권자에게 알려 주고 싶은 정보를 담게 되는데, 재무제표마다 그 내용과 성격이 다릅니다. 각각의 재무제표가 어떤 정보를 담고 있는지는 재무제표의 이름을 보고 확실히 알 수 있습니다(각 재무제표의 상세한 내용은 19장부터 차례로 살펴보겠습니다).

❶ 현재 재산을 얼마나 가지고 있는지 ⇒ 재무상태표

재무상태표는 말 그대로 회사의 '재무상태'에 대해서 알려 주는 보고서입니다. 재무상태라는 것은 일정 시점 현재 회사의 재산과 빚, 결과적으로 남은 재산이 얼마나 되는지 그 상태를 의미합니다.

❷ 한 해 동안 얼마나 벌었는지 ⇒ 손익계산서

손익계산서는 회사가 일정 기간 동안 얼마나 벌고, 얼마나 써서, 결과적으로 회사가 손실을 보았는지 또는 이익(손익)을 남겼는지, 그 경영 성과를 계산해서 보여 주는 보고서입니다.

❸ 한 해 동안 현금을 얼마나 벌었는지 ⇒ 현금흐름표

현금흐름표는 일정 기간 동안 회사의 현금흐름이 어땠는지를 보여 주는 보고서입니다.

❹ 한 해 동안 주주 몫은 얼마나 늘었는지 ⇒ 자본변동표

자본은 회사가 가진 재산(자산)에서 빚(부채)을 갚고도 남아서 비로소 주주가 사져갈 수 있는 주주의 몫이 얼마인지를 나타냅니다. 따라서 자본의 변동을 보여 주는 자본변동표는 한 해 동안 주주 몫이 얼마나 변동했는지 그 변화 내역을 정리한 보고서입니다.

❺ 부족한 부분은 보충하기 ⇒ 주석

주석은 위의 4가지 재무제표의 부족한 부분을 보충해 주는 재무제표입니다. 다른 재무제표에 등장하는 숫자의 세부내역을 알려 주기도 하지만, 이외에도 숫자로 설명할 수 없는 다양한 정보를 담고 있습니다.

지금까지 회계를 읽을 때 가장 기본이 되는 회계 읽기의 기술 3가지에 대해서 살펴보았습니다. 이 3가지 기술을 염두에 두고 본격적으로 회계를 읽어 보겠습니다.

재무상태표 읽기

| 재무상태표 |

현재 재산을 얼마나 가지고 있는가

재무상태표를 읽으려면 당연히 재무상태표가 무엇인지, 어떻게 구성되어 있는지를 알아야 합니다. 회사는 현재 어떤 재산을 얼마나 가지고 있는지(자산), 그 재산을 구입하기 위해 돈은 어떻게 마련했는지(자금 조달, 부채와 자본)를 보여 주기 위해 재무상태표를 작성합니다.

* **✻ 알아두세요**

재무상태표
영어로는 Statement of Financial Position, 줄여서 SFP라고 부릅니다. 예전에는 재무상태표를 대차대조표, 영어로는 Balance Sheet(줄여서 BS)라고 불렀습니다. 실무에서는 대차대조표나 BS라는 표현도 여전히 많이 사용하니 함께 기억해 두면 도움이 됩니다.

• 재무상태표*: 일정 시점 회사의 재무상태(자산, 부채, 자본의 상태)를 나타내는 보고서

회사는 채권자로부터 빌린 돈(② 부채)과 주주로부터 투자받은 돈(③ 자본)으로 사업 활동에 사용할 재산(① 자산)을 마련합니다.

• 부채: 빌린 돈(빚)
• 자본: 투자받은 돈
• 자산: 부채와 자본(조달한 자금)으로 구입하거나 투자한 재산

가진 돈의 범위 내에서만 그 돈을 사용할 수 있으므로 회사의 재산 총

액은 채권자로부터 빌린 돈과 주주로부터 투자받은 돈의 합과 같을 수밖에 없습니다. 그런데 회사가 빌린 돈은 언젠가 채권자에게 갚아야 하는 남의 돈입니다. 즉, 회사 재산의 일부는 채권자가 언젠가 가져갈 수 있는 '채권자 몫'이라는 뜻입니다. 같은 의미에서 회사 재산의 남은 일부는 회사에 자금을 투자한 '주주 몫'이기도 합니다. 이 내용을 수식*으로 적어 보겠습니다.

✱ 알아두세요 ──────
이 수식을 회계 언어에서는 재무상태표 등식이라고 합니다. 공식적으로는 '자산 = 부채 + 자본'이라고 씁니다.

① 회사의 재산 = ② 채권자 몫 + ③ 주주 몫

기본 재무상태표의 등장

재무상태표 등식을 그림으로 표시해 보면 다음과 같습니다.

① 회사의 재산(자산)	② 채권자 몫(부채)
	③ 주주 몫(자본)

믿기 어렵겠지만 위의 표가 그 유명한 재무상태표입니다. 위의 표를 앞으로 '기본 재무상태표'라고 부르겠습니다. 재무상태표에서는 회사의 재산은 자산으로, 채권자의 몫은 회사 입장에서는 빚이므로 부채로 표시합니다. 주주 몫은 부채와 구분하여 자본이라고 합니다.

너무 간단해서 재무상태표가 아닌 것 같지요? 그렇다면 정말 재무상태표가 맞는지 삼성전자의 기본 재무상태표를 한번 확인해 보겠습니다.

다음은 2018년 삼성전자의 연결 재무상태표입니다. 지금은 자세한 내용을 모두 살펴볼 필요는 없으니 부담 갖지 말고 필요한 정보(자산, 부채, 자본)만 확인해 보겠습니다.

연 결 재 무 상 태 표

삼성전자주식회사와 그 종속기업   (단위 : 백만 원)

과목	2018년 말	과목	2018년 말
Ⅰ. 유동자산	174,697,424	Ⅰ. 유동부채	69,081,510
1. 현금및현금성자산	30,340,505	1. 매입채무	8,479,916
2. 단기금융상품	65,893,797	2. 단기차입금	13,586,660
3. 매출채권	33,867,733		
		10. 기타유동부채	1,054,718
		Ⅱ. 비유동부채	22,522,557
10. 재고자산	28,984,704	1. 사채	961,972
11. 기타유동자산	2,326,337	2. 장기차입금	85,085
Ⅱ. 비유동자산	164,659,820		
1. 상각후원가금융자산	238,309	부 채 총 계 ❷	91,604,067
2. 유형자산	115,416,724		
3. 무형자산	14,891,598	Ⅰ. 납입자본	5,301,407
		Ⅱ. 이익잉여금	242,698,956
		Ⅲ. 기타	-247,186
12. 기타비유동자산	7,683,168	자 본 총 계 ❸	247,753,177
자 산 총 계 ❶	339,357,244	부 채 와 자 본 총 계	339,357,244

(단위: 조 원)

❶ 회사의 재산(자산)	339	❷ 채권자 몫(부채)	→ 91
		❸ 주주 몫(자본)	→ 248
합계	339	합계	339

실제로는 복잡한 삼성전자 재무상태표 중에서 필요한 정보만 찾아내어 위의 기본 재무상태표를 만들어 보았습니다. 정말 간단하게 정리가 되었지요? 이렇게 중요한 숫자, 이상한 숫자부터 차근차근 읽어 나가는 연습을 해 보면 회계 언어에 금방 익숙해질 것입니다. 이제 삼성전자의 기본 재무상태표를 읽어 보겠습니다. 위에서 배운 내용이 적용되어 있는지 있는 그대로 읽기만 하면 됩니다.

> **회계 읽기: 삼성전자 기본 재무상태표**
>
> 삼성전자의 부채는 91조 원, 자본은 248조 원이며, 부채와 자본의 합계 금액은 339조 원입니다. 이 금액은 회사의 자산 총액인 339조 원과 정확히 일치합니다. 채권자로부터 조달한 91조 원, 주주 몫의 자금 248조 원을 활용하여, 회사는 현재 339조 원의 자산을 보유하고 있습니다.

회계 읽기는 정말 간단하지요? 이렇게 재무상태표 읽기는 가장 기본적인 항목(자산, 부채, 자본)을 확인하고, 그것이 의미하는 바가 무엇인지 생각해 보는 것에서 시작합니다.

부채와 자본을 구분하여 표시하는 이유

다음과 같은 이유들로 인해 재무상태표에서 부채와 자본이 얼마인지 구분하여 표시할 필요가 생겼습니다.

① 채권자들에게 회사의 재산이 빚을 갚을 수 있을 만큼 충분하다는 사실을 지속적으로 알려 주어야 합니다. 회사가 불안정하다면 채권자들은 만기와 상관없이 빌려준 돈을 바로 회수하려고 할 테니까요.

② 빌린 돈은 결국 만기 시점에는 갚아야 할 남의 돈입니다. 그러므로 채권자 몫을 따로 표시하게 되면 회사 입장에서도 갚아야 할 빚이 언제 얼마나 되는지를 예측하고 준비할 수 있어 매우 유용합니다.

③ 부채와 자본을 구분하여 표시한 경우, 잠재적 투자자들은 회사가 갚아야 할 빚이 있는지, 있다면 얼마나 되는지, 그 빚을 갚을 능력은 되는 회사인지, 투자를 해도 되는 회사인지, 대출을 더 해 주어도 되는지 등을 평가할 때 유용하게 활용할 수 있습니다.

이렇게 회사의 재산 중에서 채권자 몫을 구분하고 나면 남은 잔액은 자연히 주주 몫*이 됩니다.

✱ 알아두세요 ━━━
이런 이유로 자본을 잔여지분이라고도 부릅니다.
(자본 = 자산 - 부채)

아래로 긴 **실제 재무상태표**

실세 새무상태표는 사실 위의 모습과는 조금 다르게 생겼습니다. 회계 읽기를 할 때 접하게 되는 재무제표는 오른쪽에 있는 채권자 몫과 주주 몫을 뚝 떼어서 회사의 재산 칸 아래로 옮겨 붙인 아래와 같은 모습입니다. 단지 위치만 바뀌었을 뿐 내용은 동일합니다.

① 회사의 재산(자산)(②+③)
② 채권자 몫(부채)
③ 주주 몫(자본)

보통 보고서는 A4 용지에 출력하는데, 쓸 내용이 옆으로 길어지면 보고서가 흉해집니다. 내용을 다 담을 수 없어서 줄을 바꿔야 하는 일도 생깁니다. 보고서의 생명은 뭐니 뭐니 해도 한눈에 이해하기 쉽고 깔끔하게 정리하는 것입니다. 그러다 보니 모든 재무제표는 밑으로 길게 쓰게 되었습니다. 조금 모양이 다르지만 옆으로 길게 쓰느냐, 밑으로 길게 쓰느냐의 차이일 뿐, 동일한 보고서이니 당황할 필요는 없습니다.

이제 다른 회사의 재무상태표도 한번 읽어 보도록 합시다. 아래의 기본 재무상태표는 Apple Inc.의 2018년 9월 말 연결재무상태표를 해당일의 원화 환율로 단순 환산해 본 것입니다.

▼ Apple Inc. 2018 기본 연결재무상태표   (단위: 조 원)

① 회사의 재산(자산)	407	② 채권자 몫(부채)	288
		③ 주주 몫(자본)	119
합계	407	합계	407

회계 읽기: Apple Inc.의 기본 재무상태표

Apple Inc.의 부채는 288조 원이고, 자본은 119조 원입니다. 부채와 자본의 합계 금액은 407조 원으로 이 금액은 회사의 자산총액인 407조 원과 일치합니다. 회사는 채권자로부터 288조 원, 주주로부터 119조 원의 자금을 조달하였고, 이렇게 조달한 자금을 활용하여 407조 원의 자산을 보유하고 있음을 확인할 수 있습니다.

삼성전자와 Apple Inc.는 세계 곳곳에서 휴대폰과 가전제품을 두고 경쟁을 하고 있지요. 그런데 한편으로는 삼성전자는 휴대폰 외에도 반도체나 가정용 가전제품 등을 생산하는 회사인 반면, Apple Inc.는 iOS라는 모바일 운영시스템을 개발하여 제공하고, 아이튠즈를 통해 각종 디지털 콘텐츠와 서비스를 제공하는 회사입니다. 유사하면서도 다른 사업을 영위하는 두 회사이지요. 그럼에도 불구하고 삼성전자와 Apple Inc.의 재무상태표를 읽는 방법은 동일합니다. 나라가 달라도, 언어가 달라도, 회사가 하는 사업이 다르더라도 회계 언어를 사용하면 회사의 재무제표를 동일한 방법으로 읽을 수 있습니다.

회사의 일생과 재무상태표

양념통닭 판매회사 <주식회사 양념통닭>을 창업*했을 때, 이 회사의 일생을 매 시점별 재무상태표로 표시해 보면 다음과 같습니다. 사칙연산만 할 줄 알면 이해하는 데 무리가 없으니 부담 없이 읽어 보세요.

1. 회사의 시작과 자금 조달

- 1월 1일 개인 주주인 치맥왕으로부터 1억을 투자받고, 은행에서 2억을 대출(연이율 6%)받아 <주식회사 양념통닭>을 서울시 종로구에서 설립하다.

→ 현금 = 대출금 2억 원 + 투자금 1억 원 = 3억 원

(대출금 2억 원, 투자금 1억 원을 조달했으므로 회사 보유 현금이 3억 원 증가)

① 재산 (자산)	현금 3억 원*	② 채권자 몫 (부채)	대출금 2억 원
		③ 주주 몫 (자본)	투자금 1억 원
합계	3억 원	합계	3억 원

2. 사업을 위한 재산의 마련

- 튀김기계 구입 비용으로 1억 원, 인테리어에 1억 원을 쓰다.

→ 현금 = 잔고 3억 원 - 튀김기계 1억 원 - 인테리어 1억 원 = 1억 원

(튀김기계와 인테리어에 각각 1억 원씩 총 2억 원을 사용했으므로 보유 현금이 2억 원 감소)

① 재산 (자산)	현금 1억 원, 튀김기계 1억 원, 인테리어 1억 원	② 채권자 몫 (부채)	대출금 2억 원
		③ 주주 몫 (자본)	투자금 1억 원
합계	3억 원	합계	3억 원

3. 사업의 영위(영업 활동: 양념통닭 판매 활동)

- **번 돈**: 한 달간 양념통닭을 팔아서 현금 1,000만 원을 벌다.
- **쓴 돈**: 가게 임차료로 300만 원, 아르바이트생 월급으로 200만 원, 생닭 및 올리브유 구입비로 200만 원, 대출이자 지급에 100만 원(2억 × 6% ÷ 12개월), 법인세로 20만 원(세율 10%)을 쓰다(감가상각은 없고, 모두 현금거래로 가정).
- → **쓴 돈**: 임차료 300만 원 + 인건비 200만 원 + 원재료비 200만 원 + 이자비용 100만 원 + 법인세비용 20만 원 = 820만 원
- → **남은 돈(이익)**: 번 돈 1,000만 원 - 쓴 돈 820만 원 = 180만 원
- → **현금**: 잔고 1억 원 + 이익 180만 원 = 1억 180만 원(이익이 180만 원 증가했으므로 보유 현금이 180만 원 증가)

① 재산(자산)	현금 1억 180만 원, 튀김기계 1억 원, 인테리어 1억 원	② 채권자 몫(부채)	대출금 2억 원
		③ 주주 몫(자본)	투자금 1억 원, 이익 180만 원*
합계	3억 180만 원	합계	3억 180만 원

4. 남은 돈의 사용(배당과 이익의 유보)

- **이익의 분배**: 주주에게 100만 원을 배당으로 지급하다.
- → **이익**: 180만 원 - 배당 100만 원 = 80만 원
- → **현금**: 잔고 1억 180만 원 - 배당 100만 원 = 1억 80만 원(배당 지급으로 이익이 100만 원 감소하면서 보유 현금이 100만 원 감소)

① 재산(자산)	현금 1억 80만 원, 튀김기계 1억 원, 인테리어 1억 원	② 채권자 몫(부채)	대출금 2억
		③ 주주 몫(자본)	투자금 1억, 이익 80만 원*
합계	3억 80만 원	합계	3억 80만 원

* * *

> **회계 읽기: 주식회사 양념통닭 재무상태표**
> 회사는 은행으로부터 대출을 2억 원 받았고, 주주로부터 1억 원의 투자를 받았습니다. 사업 활동을 통해 남은 이익은 80만 원입니다. 회사가 외부에서 자금을 조달하고, 사업 활동을 영위한 결과, 기말 현재 총 3억 80만 원의 자산을 보유하고 있습니다(자산의 구성: 현금 1억 80만 원, 튀김기계 1억 원, 인테리어 1억 원).

자, 이제 재무상태표에 대해 전반적인 내용은 모두 살펴보았습니다. 물론 실제 재무상태표는 훨씬 복잡하고 어렵게 생겼습니다. 그러나 재무상태표는 재무제표 중에서도 가장 생소한 개념을 담고 있는 보고서입니다. 그러니 지금은 재무상태표 안에 담겨 있는 세부 항목 하나하나를 보는 것보다 재무상태표라는 큰 그림을 이해하는 게 중요합니다. 세부적인 내용이야 회계 언어를 공부하다 보면 어쩔 수 없이 자연스럽게 다 익히게 되니까요. 물론 회계를 말하기 위해서 좀 더 자세한 내용을 알아두는 것이 유용하긴 합니다. 이것은 뒤에 나올 회계 말하기에서 살펴볼 예정이니 지금은 재무제표 자체를 이해하는 것(회계 읽기)에만 집중해도 충분합니다.

20

손익계산서 읽기

| 손익계산서 |

한 해 동안 돈을 얼마나 벌었을까

회사는 일정 기간 얼마나 돈을 벌었는지 그 경영 성과를 보여 주기 위해 손익계산서를 작성합니다. 경영 성과를 보고하는 방법은 재무상태의 보고 방법(재무상태표)과 비교했을 때 상대적으로 쉽고 직관적입니다.

• 손익계산서*: 일정 기간 회사가 달성한 경영 성과에 대한 정보를 제공하는 보고서

✱ 알아두세요 ─────

손익계산서
영어로는 Income Statement(줄여서 IS) 또는 Profit and Loss Statement(줄여서 PL, P&L)라고 부릅니다.

경영 성과는 회사가 벌어들인 이익으로 평가하는데, 이익은 번 돈에서 쓴 돈을 빼고 남은 돈을 말합니다. 즉, 손익계산서는 얼마나 벌어서(번 돈), 얼마나 쓰고(쓴 돈), 결과적으로 얼마나 남겼는가(남은 돈)를 보여 주는 보고서입니다.

회계 언어에서는 번 돈을 '수익'이라고 하고, 쓴 돈을 '비용'이라고 합니다. 그러므로 손익계산서를 회계 언어로 표현하면 수익에서 비용을 차감하고 남은 이익(경영 성과)을 보여 주는 보고서가 됩니다. 딱히 수식이랄 것도 없지만 이 내용을 사칙연산으로 표현해 보면 다음과 같습니다.

상식선에서 생각할 수 있는 딱 그 그림입니다. 이 그림이 손익계산서의 기본 개념을 모두 담고 있습니다.

수익과 이익의 차이점 이해하기

그림에서 알 수 있듯 수익과 이익은 명확히 다른 개념입니다. 수익은 그저 번 돈 그 자체를 말하고, 이익(손실)은 그 번 돈에서 쓴 돈을 차감하고 남은 돈(모자란 돈)을 의미합니다. 100의 수익을 올렸을 때, 비용을 60만큼 썼으면 40이라는 이익이 남지만, 비용을 110을 썼다면 이익 대신 손실 10이 생기는 것입니다.

수익이나 이익이나 좋은 것은 매한가지이고, 벌었다는 측면에서는 비슷한 점도 있습니다. 그래서인지 현실에서는 두 용어가 혼용되는 경우가 종종 있습니다. 그러나 회계 언어에서 두 용어가 의미하는 바는 확연히 다르므로 그 차이를 기억해 두세요.

■ 100원을 주식에 투자했는데 수익이 80원이다.

위의 문장을 대충 보면 100원을 투자했는데, 그 주식을 180원에 팔아서 마치 80원이 남은 것처럼 보일 수도 있습니다. 만약 그렇다면 이 투자는 성공한 투자입니다.

그런데 회계 언어 입장에서 보면 결과가 달라집니다. 수익이 80원이라는 것은 주식을 팔고 그 대가로 받은 돈이 80원이라는 뜻이지, 이 투자에서 남은 돈이 80원이라는 의미는 아닙니다. 주식을 사기 위해 쓴 돈은 100원이니 결론적으로 이 투자를 통한 이익(남은 돈)은 -20원, 즉 손실 20원입니다(수익 80 - 비용 100 = 손실 20).

회계 단어와 숙어들을 명확하게 인지하고 있으면 의사소통을 할 때 오해를 줄일 수 있습니다. 또한, 분명한 의사표현이 가능해집니다.

기본 손익계산서의 등장

앞에서 살펴본 도식을 그대로 손익계산서로 부르고 싶지만, 재무제표는 A4라는 폭이 좁은 종이에 담아야 합니다. 그런 이유로 손익계산서는 자연스럽게 밑으로 길어집니다. 아래의 그림이 재무상태표와 함께 재무제표의 양대 산맥으로 꼽히는 손익계산서입니다.

① 번 돈(수익)
② 쓴 돈(비용)
③ 남은 돈(이익): ①-②

간단하지요? 위의 그림을 '기본 손익계산서'라고 부르겠습니다.

그럼 삼성전자의 기본 손익계산서는 어떤 모습인지 한번 살펴봅시다. 다음은 2018년 삼성전자의 연결손익계산서입니다. 손익계산서 항목 중 번 돈(수익)은 매출액, 기타수익, 지분법이익, 금융수익의 합계를 말합니다. 쓴 돈(비용)은 매출원가, 판매비와 관리비, 기타비용, 금융비용, 법인세비용의 단순 합계입니다. 이것을 기본 손익계산서 양식에 적어주기만 하면 다음과 같이 기본 손익계산서가 됩니다.

연 결 손 익 계 산 서

삼성전자주식회사와 그 종속기업 (단위 : 백만 원)

과목	2018년 말
Ⅰ. 매출액	243,771,415 ❶
Ⅱ. 매출원가	❷ -132,394,411
Ⅲ. 매출총이익	**111,377,004**
판매비와관리비	❷ -52,490,335
Ⅳ. 영업이익	**58,886,669**
기타수익	1,485,037 ❶
기타비용	❷ -1,142,018
지분법이익	539,845 ❶
금융수익	9,999,321 ❶
금융비용	❷ -8,608,896
Ⅴ. 법인세비용 차감 전 순이익	**61,159,958**
법인세비용	❷ -16,815,101
Ⅵ. 당기순이익	**44,344,857** ❸

▼ 삼성전자 2018 기본 연결손익계산서 (단위: 조 원)

❶ 번 돈(수익)	255
❷ 쓴 돈(비용)	211
❸ 남은 돈(이익)(①-②)	44

손익계산서를 읽는 것은 재무상태표를 읽는 것보다 훨씬 쉽습니다. 월급을 받거나 용돈을 받으면 그것을 어떻게 쓰고 월말에 얼마나 남았는지, 혹은 얼마나 부족했는지를 고민하고 생각하기 마련입니다. 손익계산서는 우리가 늘 남은 돈에 대해서 고민할 때 생각하는 그 방법 그대로 읽으면 됩니다.

물론 실제 손익계산서는 재무상태표가 그랬듯 기본 손익계산서보다 훨씬 복잡하게 생겼습니다. 손익계산서가 복잡해진 것은 회사가 보고 목적으로 회계를 쓰기 때문입니다*. 즉 회사와 관계된 이해관계자에게 보다 유용한 정보를 제공하려다 보니 저렇게 간단한 손익계산서를 쪼개고 쪼개서 복잡하게 만들 수밖에 없었습니다.

회사와 관계된 이해관계자에는 누가 있을까요? 회사는 번 돈을 주주와 채권자에게 나눠 주어야 하는 숙명을 지니고 태어났습니다. 주주는 배당을 얻기 위해, 채권자는 이자를 받기 위해 회사에 자금을 대는 것이기 때문입니다. 그렇기 때문에 채권자와 주주의 눈치를 볼 수밖에 없습니다. 게다가 회사가 번 돈의 일부를 세금으로 가져가려고 호시탐탐 노리고 있는 무시무시한 국세청도 신경 써야 합니다. 이렇게 주주, 채권자, 국세청이 회사가 번 돈의 일부를 챙겨 가는 주요 외부 이해관계자들입니다.

• 회사의 주요 외부 이해관계자: 주주, 채권자, 국세청

회사는 외부 이해관계자들이 자기 몫을 챙겨 갈 수 있을 만큼 돈을 충분히 벌었는지, 각각이 나눠 가질 몫은 얼마인지를 알 수 있도록 관련 정보를 손익계산서에 모두 담아내고 있습니다.

★ 알아두세요
회계 읽기의 기술 (2)
회사는 보고 목적으로 회계를 쓴다(Why).

손익계산서 항목 파헤치기

손익계산서 항목	내용	이해관계자
① 번 돈(영업수익)	영업 활동으로 번 돈	회사가 번 돈
② 쓴 돈(영업비용)	영업 활동에서 쓴 돈(원재료비, 인건비 등)	임직원 · 매입처 몫
③ 영업이익(①-②)	영업 활동으로 벌어서 쓰고 남은 돈	채권자 · 주주 · 국세청 몫
④ 금융수익 등	영업 외의 활동에서 번 돈(이자수익 등)	회사가 번 돈
④ 금융비용 등	영업 외의 활동에서 쓴 돈(이자비용 등)	채권자 몫
⑤ 세전이익(③±④)	세금 내기 전 이익	주주 · 국세청 몫
⑥ 법인세비용	세금	국세청 몫
⑦ 당기순이익(⑤-⑥)	세금을 내고 남은 돈(이익)	주주 몫

회사에 따라 더 복잡하거나 단순할 수는 있지만 기본 구조는 위와 같습니다.

영업이익 ⇒ 영업수익 – 영업비용

영업이익은 회사가 고유의 영업 활동을 하면서 벌어들인 이익을 의미합니다. 영업이익이 충분해야 이자도 지급하고, 세금도 낼 수 있으며, 주주 몫으로도 이익이 남습니다. 영업 활동은 회사의 주요 수익창출 활동이므로 영업이익을 통해 회사의 현재 영업 성과를 확인할 수 있을 뿐만 아니라 회사의 미래 수익성도 가늠해 볼 수 있습니다. 이런 이유로 영업이익은 모든 이해관계자의 관심을 집중적으로 받습니다.

<주식회사 양념통닭>의 경우, 양념통닭을 제조하고 판매하는 활동이 영업 활동에 해당합니다. 이 회사의 영업이익은 양념통닭을 판매하고 번 돈(영업수익)에서 재료비, 인건비 등 양념통닭을 제조하고 판매하기 위해 쓴 돈(영업비용)을 빼고 남은 돈을 의미합니다.

① 양념통닭 판매로 번 돈(영업수익): 1,000만 원
② 양념통닭 판매를 위해 쓴 돈(영업비용):
    임차료 300만 원 + 인건비 200만 원 + 원재료비 200만 원 = 700만 원
③ 영업이익(①-②): 300만 원

이자비용, 세전이익, 법인세비용과 당기순이익

채권자는 돈을 빌려주고 당초 약속된 이율의 이자를 받아 갑니다. 이자만 제때 받으면 됩니다. 채권자 몫은 이자비용으로 손익계산서에 표시됩니다. 채권자에게 이자를 지급하고도 남은 돈은 세금을 내기 직전의 돈입니다. 따라서 이것을 세전이익이라고 부릅니다. 세전이익 중에서 법인세율에 해당하는 금액만큼은 법인세로 나라에 납부해야 합니다.

영업비용과 이자비용, 세금까지 다 부담하고도 돈이 남으면 그 이익(당기순이익)은 이제 비로소 주주가 가져갈 수 있습니다. 물론 회사에 손실이 나면 주주는 아무것도 챙길 수 없습니다. 그렇지만 이익이 남으면 그 이익을 전부* 배당으로 가져갈 수 있습니다. 물론 회사는 회사의 투자 정책이나 주주의 요구에 따라 배당이 가능한 금액 중에서 일부만 배당을 하거나 아예 배당을 하지 않을 수도 있습니다.

채권투자는 상대적으로 안전한 대신 고정적인 이자수익을 얻을 수 있고, 주식투자는 원금손실 위험은 있지만 그만큼 높은 이익을 얻을 수도 있습니다. 손익계산서는 투자자에게 회사가 번 돈의 배분 과정을 보여 줍니다. 회사와 이해관계자와의 관계를 이해하면 손익계산서 읽기가 좀 더 수월해질 것입니다.

앞서 살펴본 삼성전자의 기본 손익계산서를 조금 자세히 쪼개 보겠습니다.

▼ 삼성전자 2018 연결손익계산서 (단위: 조 원)

① 번 돈(영업수익)	244
② 쓴 돈(영업비용)	185
③ 남은 돈(이익)(①-②)	59
④ 금융수익 등	12
④ 금융비용 등	(-)10
⑤ 세전이익(③±④)	61
⑥ 법인세비용	17
⑦ 당기순이익(⑤-⑥)	44

회계 읽기: 삼성전자 연결손익계산서

당기순이익은 기본 손익계산서와 동일하게 44조 원입니다. 위의 손익계산서는 회사의 당기순이익을 좀 더 자세하게 표현하고 있습니다. 회사가 영업 활동을 통해 남긴 돈이 59조 원(영업이익)이며, 이자수익 등으로 12억 원을 추가로 벌어들였습니다. 한편, 채권자에게 금융비용 등으로 10조 원을 지급하고 남은 세전이익은 61조 원입니다. 국세청 몫으로 지급한 세금(법인세비용)이 17조 원입니다. 세전이익에서 국세청에 지급할 비용까지 다 지급하고 결과적으로 주주 몫으로 남은 이익(당기순이익)이 44조 원입니다.

회사의 일생과 손익계산서

손익계산서는 회사가 사업을 영위하는 모습을 구체적으로 보여 줍니다. 앞에서 예로 들었던 <주식회사 양념통닭>의 사업 활동 사례를 손익계산서에 표시해 보겠습니다.

사업의 영위

- **번 돈(영업수익)**: 양념통닭 판매 1,000만 원
- **쓴 돈(영업비용)**:
  임차료 300만 원 + 인건비 200만 원 + 원재료비 200만 원 = 700만 원
- **쓴 돈(금융비용)**: 100만 원
- **쓴 돈(법인세비용)**: 20만 원

▼ <주식회사 양념통닭> 손익계산서　　　　　　　　　　(단위: 만 원)

① 번 돈(영업수익): 양념통닭 판매	1,000
② 쓴 돈(영업비용): 임차료 등(이자, 세금 제외)	700
③ 영업이익(①-②)	300
④ 금융비용 등	100
⑤ 세전이익(③-④)	200
⑥ 법인세비용	20
⑦ 당기순이익(⑤-⑥)	180

* * *

회계 읽기: 주식회사 양념통닭 손익계산서

한 해 동안 양념통닭을 팔아서 번 돈은 1,000만 원, 쓴 돈은 700만 원이며, 통닭 제조 및 판매라는 영업 활동에서 얻은 이익(영업이익)은 300만 원입니다. 그중에 이자비용으로 은행에 100만 원을 지급하고 나니 세금을 내기 전 남은 이익(세전이익)이 200만 원입니다. 법인세비용은 총 20만 원이 발생하였고, 세금을 내고 난 후 결과적으로 주주가 가져갈 몫(당기순이익)은 180만 원이 됩니다.

21

현금흐름표 읽기

| **현금흐름표** |

일정 기간 동안 회사의 현금흐름이 어떠했나

회사는 일정 기간 동안 회사의 현금흐름이 어떠했는지를 보여 주기 위해 현금흐름표를 작성합니다. 회계를 쓰는 입장에서는 가장 어려운 재무제표가 바로 현금흐름표입니다. 기껏 발생주의로 써 놓은 재무제표를 다시 현금주의로 돌리려다 보니 쓸데없이 더 어려워졌습니다. 그러나 회계 외국인 입장에서는 전혀 신경 쓸 필요 없습니다. (결과적으로) 현금주의에 따라 작성된 현금흐름표를 읽기만 하면 되니까요.

- 현금흐름표(Statement of Cash Flow):
  일정 기간 회사의 현금흐름에 대한 정보를 제공하는 보고서

현금흐름은 곧 현금의 변동을 의미합니다. 현금흐름표는 회사에서 현금을 얼마나 썼고, 얼마나 벌어서, 결과적으로 얼마나 남겼는지 그 내용을 알려 주는 보고서입니다. 흔히 사용하는 가계부와 그 성격이 같습니다. 따라서 현금흐름표는 손익계산서만큼이나, 아니 그보다 더 직관적이고 쉽습니다.

이러한 내용을 수식으로 써 보면 다음과 같습니다.

'기초 현금+현금 변동액=기말 현금'이라고 표시해도 상관없습니다. 다만, 실제 현금흐름표에서는 기초 현금보다는 현금 변동액이라는 정보가 더 중요하다 보니 맨 앞에서(또는 맨 위에서) 더 자세히 표시해 주도록 하고 있습니다.

기본 현금흐름표의 등장

지금까지 해 왔던 것처럼 위의 내용을 식으로 표현해 보겠습니다.

> ① 현금 변동액(번 현금 - 쓴 현금)
> ② 있던 현금(기초 현금)
> ③ 남은 현금(기말 현금): ①+②

위의 그림을 '기본 현금흐름표'라고 부르겠습니다. 다음은 삼성전자의 2018년 연결현금흐름표와 기본 현금흐름표입니다. 앞에서 했던 것처럼 실제 현금흐름표에서 필요한 정보(현금 변동액, 기초 현금, 기말 현금)만 찾아서 기본현금흐름표 양식에 적으면 됩니다.

▼ 삼성전자 2018 연결현금흐름표

연 결 현 금 흐 름 표

삼성전자주식회사와 그 종속기업 (단위 : 백만 원)

과목		2018년
I. 영업활동 현금흐름		**67,126,050**
1. 영업활동으로 인한 현금 증가	67,031,863	
II. 투자활동 현금흐름		**-52,240,453**
1. 단기금융상품의 순(증가)감소	-12,368,298	
2. 장기금융상품의 취득	-7,678,654	
19. 유형자산의 취득	-29,556,406	
20. 무형자산의 취득	-1,020,517	
III. 재무활동 현금흐름		**-15,090,222**
1. 단기차입금의 순(감소)증가	-2,046,470	
5. 사채 및 장기차입금의 상환	-1,986,597	
6. 배당금의 지급	-10,193,695	
IV. 현금 및 현금성 자산의 감소 (I+II+III)	❶	**-204,625**
V. 기초의 현금 및 현금성 자산	❷	**30,545,130**
VI. 기말의 현금 및 현금성 자산 (IV+V)	❸	**30,340,505**

▼ 삼성전자 2018 기본 연결현금흐름표 (단위: 조 원)

❶ 현금 변동액	(-)0.2
❷ 기초 현금	30.5
❸ 기말 현금(①+②)	30.3

회계 읽기: 삼성전자 기본 현금흐름표

올해 회사는 사업 활동을 하면서 2,000억 원의 현금을 지출(현금 감소)했습니다. 즉, 보유했던 기초 현금 30조 5,000억 원에서 2,000억 원이 감소하여 기말 현재 회사가 보유한 현금은 30조 3,000억 원입니다.

굳이 현금흐름표가 필요한 이유

재무상태표나 손익계산서만 보아도 충분할 것 같은데 왜 현금흐름표가 필요할까요? 그것은 현금에 관한 정보가 그만큼 중요하기 때문입니다.

흑자도산이라는 말을 들어 보셨나요? 당장 빚을 갚아야 하는데 일시적으로 현금이 부족해서 채권자에게 빚을 갚지 못해 부도 처리가 되는 경우를 말합니다. 매출도 많고 이익을 많이 냈음에도 불구하고 어느 순간 부도가 나서 망한 회사의 이야기를 종종 들을 수 있습니다. 이익이 늘었다고 해서 당장 보유한 현금이 증가하지는 않습니다. 외상으로 물건을 팔면 현금이 없더라도 이익으로 인식하는 회계 쓰기 원칙 때문*입니다. 이것이 현금흐름표가 중요한 이유입니다. 현금흐름표를 통해 회사가 건전한 현금흐름을 유지하고 있는지 파악할 수 있습니다.

✽ 알아두세요 ────

발생주의

회계 쓰기의 육하원칙 중 '언제 (when)'를 담당하고 있는 발생주의 원칙에 따라, 재무상태표와 손익계산서는 실제 현금흐름을 동반하지 않는 수익이나 비용을 종종 담고 있습니다. 외상 매출이나 감가상각비 등이 현금흐름을 동반하지 않는 대표적인 수익과 비용입니다(87쪽 '회계 쓰기의 육하원칙 (4) 언제: 발생주의' 편 참조).

현금흐름표 더 알아보기

재무상태표와 손익계산서가 그랬듯, 유용한 정보를 담기 위해 실제 현금흐름표는 조금 더 복잡해집니다. 이때 필요한 것이 '회계 읽기의 기술 ① 회사의 일생 이해하기'입니다. 회사의 일생(회사의 사업 활동)을 이해하면 현금흐름표는 어려울 게 없습니다.

회사의 일생은 자금을 조달하여 회사를 설립하는 것으로부터 시작됩니다. 회사는 마련한 돈으로 제품을 제조하여 판매하는 등 사업 활동을 하지요. 이렇게 번 돈으로 채권자에게 이자를 지급하기도 하고, 주주에게 배당을 하기도 합니다. 어쩌다 돈이 모자라면 주주나 채권자에게 다시 손을 벌리기도 하고요. 물론 돈이 남으면 다른 회사의 주식을 사거나, 돈을 빌려주기도 합니다.

현금흐름표는 위와 같은 회사의 사업 활동을 다음과 같이 3가지로 구분합니다.

- 영업 활동: 회사의 주요 수익 창출 활동(원재료 구입, 인건비 지급, 기계 구입, 세금 납부 등 제조회사가 제품을 만들고 파는 데 필요한 모든 활동)
- 투자 활동: 회사가 주식이나 부동산을 취득·처분하고, 외부에 돈을 대여·회수하는 등 말 그대로 투자를 하는 활동
- 재무 활동: 채권자와 주주로부터 자금을 조달하고 상환하는 활동

현금흐름표는 회사가 각각의 사업 활동에서 얼마나 현금을 벌고 쓰는지를 보여 주기 위해 다음과 같이 현금 변동액을 구분하여 표시합니다.

현금흐름표 항목	예시
① 영업 활동으로 인한 현금 변동액	제품 판매, 원재료 구입, 급여 지급, 세금 납부
② 투자 활동으로 인한 현금 변동액	주식이나 부동산 취득 및 매각, 대여 및 회수
③ 재무 활동으로 인한 현금 변동액	주식 발행 및 소각, 차입 및 상환, 배당금 지급
④ 현금 변동액(①+②+③)	
⑤ 기초 현금	있던 현금
⑥ 기말 현금(④+⑤)	남은 현금

현금흐름표가 정말 위와 같은 모습인지 한번 살펴보겠습니다. 다음은 삼성전자의 현금흐름표를 요약한 것입니다.

▼ 삼성전자 2018 연결현금흐름표   (단위: 조 원)

① 영업 활동으로 인한 현금 변동액	67.1
② 투자 활동으로 인한 현금 변동액	(-)52.2
③ 재무 활동으로 인한 현금 변동액	(-)15.1
④ 현금 변동액(①+②+③)	(-)0.2
⑤ 기초 현금	30.5
⑥ 기말 현금(④+⑤)	30.3

실제로는 훨씬 복잡하게 생긴 현금흐름표이지만 회계 읽기에서는 위의 기본 구조만 뽑아낼 수 있으면 됩니다.

> **회계 읽기: 삼성전자 연결현금흐름표**
>
> 삼성전자는 영업 활동(휴대폰, 반도체, 가전제품 등의 제조 및 판매 활동)을 통해 67.1조 원의 현금을 벌었고, 유형자산을 취득하거나 다른 회사의 주식을 매입하는 등의 투자 활동에 현금 52.2억 원을 사용하였습니다. 아울러 재무 활동으로 15조 원 가량의 현금을 지급하였습니다. 결과적으로 기초에 30.5조 원의 현금을 보유했으나, 1년 동안 현금이 2,000억 원 가량 감소하여, 기말 현재 보유 현금은 30.3조 원입니다.

사업 활동별로 현금흐름을 구분·표시하는 이유

여기서 한 가지 짚고 넘어가야 할 것이 있습니다. 왜 굳이 사업 활동별로 현금흐름을 구분할까요? 재무제표가 복잡해지는 이유는 전부 이해관계자들에게 유용한 정보를 제공하기 위함이라고 했습니다. 현금흐름표도 마찬가지입니다. 사업 활동별로 현금흐름을 구분하면 정보이용자에게 유용한 정보를 제공할 수 있습니다. 어떤 점이 어떻게 유용할까요? 이것을 이해한다는 것은 현금흐름표를 읽고 말할 준비가 끝났다는 것과 같습니다.

사업 활동을 왜 구분해야 하는지를 설명하기에 아주 유용한 사례가 하나 있습니다. 아래는 2013년 법정관리에 들어가면서 사회적으로 큰 파장을 일으켰던 주식회사 동양의 2011년 현금흐름표입니다.

▼ ㈜동양 2011년 현금흐름표　(단위: 억 원)

① 현금 변동액(ⓐ+ⓑ+ⓒ)	(-)540
ⓐ 영업 활동으로 인한 현금 변동액	(-)977
ⓑ 투자 활동으로 인한 현금 변동액	(-)1,745
ⓒ 재무 활동으로 인한 현금 변동액	(+)2,182
② 기초 현금	637
③ 기말 현금(①+②)	97

전체 현금 변동액이 540억 원 감소했다는 것은 2011년 한 해 동안 회사의 현금 유출이 유입보다 많았다는 이야기입니다. 들어오는 현금보다 나가는 현금이 많으니 이 자체만으로도 회사의 상태가 좋지 않다는 것을 알 수 있습니다. 그런데 자세히 들여다보면 생각보다 문제가 심각합니다. 영업 활동으로 인한 현금 변동액을 보면 제품을 만들어서 팔면 팔수록 현금이 쌓이기는커녕 현금 손실이 977억 원이나 발생했습니다. 그런데 재무 활동으로 인한 현금 유입액은 2,000억 원이 넘습니다. 재무 활동으로 현금이 증가했다는 것은 채권자에게 돈을 많이 빌려 왔거나 혹은 갚아야 할 빚을 갚지 않았다는 말이 됩니다. 즉, 영업 손실로 인한 현금 부족분을 대출이나 사채 발행을 통해 겨우 충당하고 있고, 그것으로도 부족해 현금 유출이 더 큰 상태라는 것입니다. 결국 회사는 빚을 갚을 수 없어 법정관리를 신청하게 되었지요.

이와 같이 회사의 사업 활동별로 현금흐름을 구분함으로써 회사에 현금이 유입되는 경로(현금흐름의 원천)를 확인하고, 자금 운용상황에 대해 보다 정확하게 확인할 수 있게 되었습니다.

회사의 일생과 현금흐름표

현금흐름표는 회사의 사업 활동에 따른 현금흐름을 적나라하게 보여줍니다. <주식회사 양념통닭>의 사업 활동 사례를 통해 회사의 사업 활동에 따른 현금 변동을 살펴보겠습니다.

영업 활동으로 인한 현금 변동액

이 회사의 영업 활동은 양념통닭을 제조하고 판매하는 것입니다. 따라서 영업 활동으로 인한 현금 변동액은 양념통닭 판매로 증가한 현금과 재료비, 인건비, 법인세비용 등 양념통닭을 판매하고 회사를 운영하는 데 지출한 금액의 합계액이 됩니다.

① 양념통닭 판매로 증가한 현금: 1,000만 원 증가
② 양념통닭 판매로 감소한 현금: 임차료 300만 원 + 인건비 200만 원 +
  원재료비 200만 원 + 법인세비용 20만 원
  = 720만 원 감소
③ 영업 활동으로 인한 현금 변동액(①+②): 280만 원 증가

투자 활동으로 인한 현금 변동액

회사는 사업을 영위하기 위해 튀김기계를 구입하고 인테리어 비용을 지출했습니다. 이렇게 재산 마련을 위해 현금을 지출한 경우, 현금 변동액은 투자 활동으로 인한 현금 변동액에 기록합니다.

① 튀김기계 구입으로 감소한 현금: 1억 원 감소
② 인테리어 비용 지급으로 감소한 현금: 1억 원 감소
③ 투자 활동으로 인한 현금 변동액(①+②): 2억 원 감소

재무 활동으로 인한 현금 변동액

회사가 자금 조달을 위해 주주로부터 투자를 받고, 은행으로부터 차입하는 활동은 재무 활동에 해당합니다. 회사는 주주로부터 1억 원을 투자받았고, 은행으로부터 2억 원의 대출을 받았습니다. 한편, 채권자에게 대출이자 100만 원을 지급*했고, 주주에게 배당으로 100만 원을 지급했습니다.

✱ 알아두세요

일반기업회계기준에서는 대출이자를 지급하고, 이자수익 및 배당금을 수취하는 활동을 영업 활동으로 보고 있습니다. 반면 배당금을 지급하는 활동은 재무 활동으로 구분합니다. 한국채택국제회계기준에서는 일반기업회계기준과 동일한 기준을 사용할 수도 있지만 이자와 배당금을 수취하는 활동은 투자 활동으로, 이자와 배당금을 지급하는 활동은 재무 활동으로 보도록 하고 있습니다. 이 책에서는 투자 활동과 재무 활동이라는 논리적 흐름에 따라 한국채택국제회계기준을 따랐습니다.

① 대출로 인한 현금 변동: 차입금 입금 2억 원 증가 - 이자비용 지급 100만 원 감소
= 1억 9,900만 원 증가

② 주주의 투자로 인한 현금 변동: 투자금 입금 1억 원 증가 - 배당금 지급 100만 원 감소 = 9,900만 원 증가

③ 재무 활동으로 인한 현금 변동액(①+②): 2억 9,800만 원 증가

이렇게 확인한 현금 변동액을 현금흐름표에 표시하면 다음과 같습니다.

▼ <주식회사 양념통닭> 현금흐름표

① 영업 활동으로 인한 현금 변동액	280만 원 증가
② 투자 활동으로 인한 현금 변동액	2억 원 감소
③ 재무 활동으로 인한 현금 변동액	2억 9,800만 원 증가
④ 현금 변동액(①+②+③)	1억 80만 원 증가
⑤ 기초 현금	0원
⑥ 기말 현금(④+⑤)	1억 80만 원

✱　✱　✱

회계 읽기: 주식회사 양념통닭 현금흐름표

한 해 동안 통닭 제조 및 판매 활동(영업 활동)으로 280만 원의 현금이 증가했고, 투자 활동(기계 구입, 인테리어)으로 2억 원의 현금이 감소하였습니다. 은행과 주주로부터 자금을 조달함으로써 2억 9,800만 원의 현금이 증가하였습니다. 회사의 사업 활동 결과, 기말 현재 남아 있는 현금은 총 1억 80만 원이며, 이 금액은 재무상태표의 기말 현금 잔액과 일치합니다.

자본변동표 읽기

| 자본변동표 |

일정 기간 동안 자본이 어떻게 바뀌었나

회사는 주주 몫인 자본의 크기와 변동에 관한 정보를 보여 주기 위해 일정 기간 동안의 자본변동표를 작성합니다.

- 자본변동표(Statement of Changes in Equity):
  일정 기간 자본의 변동에 대한 정보를 제공하는 보고서

자본은 주주의 몫, 회사의 재산에서 빚을 차감하고 남은 금액 등으로 이해할 수 있습니다. 자본변동표도 다른 재무제표와 마찬가지로 기본적인 구조는 다음과 같습니다. 사칙연산만 이해하면 이해가 가능한 그림입니다.

여기에 더하여 자본변동표의 주인공인 '자본'에 대한 예의상, 자본에

대해 조금만 더 자세히 살펴보겠습니다. 사실 자본은 상당히 여러 가지 요소*로 구성되어 있습니다. 상식으로 접근하기에 조금 어려운 부분들도 등장합니다. 그러나 회계 외국인들은 역시 상식선에서만 알고 있어도 충분하니 너무 부담스러워할 필요는 없습니다.

✹ 알아두세요

자본의 구성

자본은 자본금, 자본잉여금, 자본조정, 기타포괄손익누계액, 이익잉여금 등으로 이루어져 있습니다.

| 자본의 상식적인 구성 요소 |

납입자본과 이익잉여금

재무상태표에서는 자본이 주주의 몫이라고 했습니다. 주주 몫인 자본은 크게 납입자본과 이익잉여금이라는 2가지 항목으로 구성되어 있습니다.

납입자본

회사의 일생으로 돌아가 봅니다. 회사는 주주와 채권자로부터 자금을 조달하여 사업을 시작합니다. 이때 주주로부터 조달한 자금을 표시하기 위한 항목이 바로 '자본'입니다. 따라서 자본을 구성하는 첫 번째 요소는 바로 주주로부터 조달한 자금이며, 주주가 회사에 납입한 자금이라는 의미에서 '납입자본'이라고 부르도록 하겠습니다. 회사가 증자(자본을 증가시키는 것)를 하거나 감자(자본을 감소시키는 것)를 하는 경우에는 납입자본이 증가하거나 감소합니다. 증자의 경우, 주주들이 회사에 현금을 입금하게 되며, 감자의 경우에는 회사가 주주들에게 출자받은 돈을 환급해 줍니다. 참고로 이러한 현금의 변동 내용은 현금흐름표의 '재무 활동에 따른 현금흐름'을 통해 확인할 수 있습니다.

이익잉여금

회사는 매년 돈을 법니다. 손익계산서에서 살펴보았듯 회사가 번 돈에서 각각의 이해관계자가 받아야 할 몫의 돈을 지급(쓴 돈: 인건비, 원재료비, 이자비용, 세금 등)하고 남은 돈이 바로 주주 몫의 이익(당기순이익)입니다. 이익은 일단 '이익잉여금*'이라는 항목에 차곡차곡 쌓아 둡니다. 이익잉여금(利益剩餘金)은 이익(利益) 중에 회사에 남겨 놓은(잉여, 剩餘) 돈(金)이라는 의미입니다.

이익잉여금은 회사의 미래를 위해 사용하지 않은 채로 회사에 쌓아 두기도 하고, 현금화시켜서 주주에게 나눠 줄 수도 있습니다. 이때 회사의 이익을 주주에게 현금으로 나눠 주는 것이 바로 배당입니다.

당기순이익은 주주 몫의 이익이므로 이익잉여금 항목에 차곡차곡 쌓입니다. 추후 회사가 주주에게 배당을 지급할 때는 쌓아 두었던 이익잉여금에서 배당으로 지급할 금액만큼을 차감합니다.

자본변동표는 자본의 변동에 대한 정보를 제공해 주므로, 이를 통해 주주 몫의 이익으로 매년 증가한 당기순이익을 확인할 수 있을 뿐만 아니라, 회사가 주주에게 배당으로 지급한 돈이 얼마인지도 확인할 수 있습니다. 참고로 배당은 주주 몫의 이익 중 일부를 주주가 가져가는 것이므로 이익잉여금을 초과한 금액으로는 배당을 지급할 수 없습니다.

✱ 알아두세요

이익잉여금
영어로는 Retained Earning이라고 합니다. '보유하고 있는 이익'이라는 뜻입니다.

조금은 복잡한 듯 보이는 자본변동표

납입자본과 이익잉여금을 구분하여 표시하느라 자본변동표는 다음과 같이 다소 복잡해 보입니다. 그러나 그 내용은 자본의 각 구성항목의 변동 내용을 표시해준 것일 뿐, 내용 자체가 어려워지거나 복잡해진 것은 아닙니다. 다음 표를 '기본 자동변동표'라고 부르겠습니다.

자본변동표			
	Ⓐ 납입자본	Ⓑ 이익잉여금	ⓒ 자본 계(Ⓐ+Ⓑ)
① 기초 자본	기초 납입자본	기초 이익잉여금	기초 자본
② 자본 변동액	(+)증자 (-)감자	(+)당기순이익 (-)배당 지급	자본 변동액
③ 기말 자본(①+②)	기말 납입자본	기말 이익잉여금	기말 자본

삼성전자의 자본변동표는 다음과 같습니다.

▼ 삼성전자 2018 연결자본변동표

연 결 자 동 변 동 표

삼성전자주식회사와 그 종속기업 (단위 : 백만 원)

과목	지배기업 소유주지분				비지배지분	총계
	자본금	주식발행초과금	이익잉여금	기타자본항목		
2018.1.1 (당기초)	❶ 897,514	4,403,893	❸ 215,811,200	❼ -13,899,191	7,278,012	❾ 214,491,428
Ⅰ. 총포괄이익						
1. 당기순이익			❹ 43,890,877		453,980	❿ 44,344,857
6. 현금흐름위험회피 파생상품평가손익				47,079		47,079
Ⅱ. 자본에 직접 인식된 주주와의 거래						
1. 배당			-10,143,345		-50,657	-10,194,002 ⓫
4. 자기주식의 취득			❺	-875,111		-875,111
5. 자기주식의 소각			-7,103,298	7,103,298 ❽		
2018.12.31 (당기말)	❷ 897,514	4,403,893	242,698,956 ❻	-7,931,370	7,684,184	247,753,177 ⓬

▼ 삼성전자 2018 기본 연결자본변동표

(단위: 조 원)

	Ⓐ 납입자본		Ⓑ 이익잉여금		기타(+)		ⓒ 자본계 (Ⓐ+Ⓑ+기타)	
① 기초 자본	기초 납입자본	❶ 5	기초 이익잉여금	❸ 216	기타	❼ (-)7	기초 자본	❾ 214
② 자본 변동액	(+)증자		(+)당기 순이익	❹ 44	기타	0	자본 변동액	❿ 44
	(-)감자		(-)배당 지급	❺ (-)17	기타	❽ 7		⓫ (-)10
③ 기말 자본 (①+②)	기말 납입자본	❷ 5	기말 이익잉여금	❻ 243	기타	0	기말 자본	⓬ 248

※ **참고**: 자본변동표의 쉬운 이해를 위해 다음 사항은 합산하여 표시하였습니다.
  - **납입자본**: 자본금과 주식발행초과금의 합계로 표시
  - **배당 지급 17조(-)**: 배당 지급액 -10조 원과 자기주식 소각액 7조 원의 합계로 표시
  - **기타(+)**: 기타자본항목과 비지배지분 등의 합계로 표시

다른 재무제표보다는 내용이 확실히 더 많기는 합니다. 그러나 자세히 들여다보면 각각의 자본 구성 항목에 대하여 기초와 증감 내용을 표시해 주고 있을 뿐이므로 너무 어려워할 필요는 없습니다. 지금 어렵게 느껴진다면 나중에 다시 봐도 무방합니다.

회계 읽기: 삼성전자 기본 자본변동표

(1) 납입자본: 납입자본은 기초와 기말 모두 5조 원으로 변동이 없습니다.

(2) 이익잉여금: 기초에 216조 원이었던 이익잉여금은 당기순이익으로 인해 44조 원 증가하였고, 배당 지급으로 17조 원 감소하여 결과적으로 기말 현재 243조 원입니다.

(3) 전체 자본: 기초에 214조 원이었으며, 당기 44조 원이 증가(당기순이익 등)하고, 10조 원이 감소(배당 지급 등)하여 기말 현재 248조 원입니다.

자본변동표는 <주식회사 양념통닭>의 창업주, 즉 주주의 몫이 어떻게 변화하는지를 보여 주는 재무제표입니다. 이 회사의 자본 항목의 변동 내역을 확인하여 자본변동표에 그려 봅시다.

① 납입자본: 1억 원 증가
② 이익잉여금: 당기순이익 180만 원 증가 + 배당금 100만 원 감소* = 80만 원 증가
③ 자본: 1억 원 + 80만 원 = 1억 80만 원

★ 알아두세요

배당금 지급

배당금의 지급은 보통 재무제표가 확정된 이후, 다음 연도 주주총회에서 결정합니다. 즉, X1년도의 성과에 대한 배당금의 지급 결의는 X2년도 초에 하게 되며, 배당금 지급으로 인한 이익잉여금의 변동은 본래 X2년도의 자본변동표에 반영됩니다. 이 책에서는 X1년도의 성과에 대해 X1년도 중에 이익 배당을 한 것으로 가정하였습니다.

	Ⓐ 납입자본	Ⓑ 이익잉여금	ⓒ 자본 계(Ⓐ+Ⓑ)
① 기초 자본	0	0	0
② 자본 변동액	(+)1억 원	(+)80만 원	1억 80만 원
③ 기말 자본(①+②)	1억 원	80만 원	1억 80만 원

＊ ＊ ＊

회계 읽기: 주식회사 양념통닭 자본변동표
① 납입자본: 회사는 주주로부터 1억 원의 투자를 받아 올해 설립되었으므로 기초 납입자본은 0, 기말에는 1억 원입니다.
② 이익잉여금: 당기순이익으로 인해 180만 원 증가하였고, 배당 지급으로 100만 원 감소하여 결과적으로 기말 현재 80만 원입니다.
③ 자본 계: 당기 1억 80만 원이 증가하여, 기말 현재 1억 80만 원입니다.
   이 금액은 기말 현재 재무상태표의 자본 잔액과 일치합니다.

회계
무작정
따라하기

23

주석 읽기

| 주석 |

숫자로 설명할 수 없는 정보는 무엇인가

재무제표 5형제 중 막내는 주석입니다. 주석(注釋)의 사전적 의미는 낱 말이나 문장의 뜻을 쉽게 풀이한 글이라는 것입니다. 과제를 하거나 보고서를 작성하면서 흔히 접할 수 있는 단어입니다. 참고문헌의 출처 를 밝히거나 보충 설명을 할 때, 바로 그때 사용하는 그 '주석' 말입니 다. 회계에서의 주석도 그와 같습니다. 다른 재무제표들은 오로지 숫 자로만 회계를 다루다 보니 정보에 목마른 사람들에게는 설명이 충분 하지 않은 경우가 많습니다. 이럴 때 유용하게 사용할 수 있는 재무제 표가 바로 주석입니다. 주석은 숫자로 설명할 수 없는 회사에 대한 여 러 정보를 제공해 줍니다. 주석은 공식적으로 다음과 같은 정보들을 제공합니다.

> **주석에서 제공하는 정보**
> · 재무제표 작성 근거와 사용한 구체적인 회계정책에 대한 정보
> · 회계기준에서 요구하는 정보이지만 재무제표에 표시되지 않은 정보
> · 재무제표 어느 곳에도 표시되지 않지만 재무제표를 이해하는 데 필요한 정보

회사에 대한 개략적인 정보는 주석을 통해 직관적으로 확인할 수 있습니다. 주석은 해당 회사가 무엇을 하는 회사인지, 언제 설립되었으며 상장은 언제 했는지, 본점은 어디에 있는지 등 다채로운 정보를 소개합니다. 한글로 쓰여 있어 술술 읽기만 하면 되니, 주석을 읽고 말하는 것에는 큰 어려움이 없을 것입니다.

삼성전자라고 하면 막연히 휴대폰, 가전제품, 반도체, 제조업, 상장법인 등등의 키워드가 떠오를 것입니다. 실제로 그런 회사인지 삼성전자의 주석을 살펴보겠습니다. 아래는 삼성전자 연결감사보고서 주석을 발췌한 것입니다.

▼ 삼성전자 주석: 회사의 개요

> 삼성전자주식회사(이하 "회사")는 1969년 대한민국에서 설립되어 1975년에 대한민국의 증권거래소에 상장하였습니다. 회사 및 종속기업의 사업은 CE부문, IM부문, DS부문과 Harman부문으로 구성되어 있습니다. CE(Consumer Electronics) 부문은 디지털 TV, 모니터, 에어컨 및 냉장고 등의 사업으로 구성되어 있고, IM(Information technology & Mobile communications) 부문은 휴대폰, 통신시스템, 컴퓨터 등의 사업으로 구성되어 있으며, DS(Device Solutions) 부문은 메모리 반도체, Foundry, System LSI 등의 반도체 사업과 LCD 및 OLED 패널 등의 디스플레이(DP) 사업으로 구성되어 있습니다. Harman부문은 전장부품사업 등을 영위하고 있습니다. 회사의 본점 소재지는 경기도 수원시입니다.

주석에서는 회사의 중요한 소송 사건에 대한 정보도 제공해 줍니다. 아래의 주석을 보면 애플과 특허 관련 소송 사건에 휘말렸던 삼성전자가 최근 합의에 따라 소송을 종결했음을 알 수 있습니다.

(1) 보고기간종료일 현재 미국 지역에서 Apple사가 제기한 디자인 및 기술특허 관련 소송은 당기 중 양사 합의에 따라 종결되었습니다.

(2) 보고기간종료일 현재 TFT-LCD 판매에 대한 가격담합과 관련된 일부 해외 구매자들로부터의 민사상 손해배상청구 등을 포함하여, 연결회사의 사업과 관련하여 발생한 소송, 분쟁 및 규제기관의 조사 등이 진행 중에 있습니다.

이외에도 다양한 정보들이 담겨 있으니, 면접이나 거래를 앞둔 회사가 있다면 해당 회사의 재무제표 주석을 꼭 한번 살펴보세요. 다양하면서도 정확한 정보를 얻을 수 있으니 말입니다.

주석은 다른 재무제표에서 제공할 수 없는 정보, 숫자로 설명할 수 없는 다양한 정보를 알려 주는 재무제표입니다. 다음은 <주식회사 양념통닭>의 주석 일부입니다. 한글만 읽을 수 있으면 주석을 읽을 수 있습니다.

1. 회사의 개요

주식회사 양념통닭(이하 "회사")은 양념통닭 판매업을 영위할 목적으로 1월 1일 설립되었습니다. 본사는 서울특별시 종로구에 있습니다.

당기말 현재 자본금은 1억 원이며 주주 구성은 다음과 같습니다.

주주명	지분율
치맥왕	100%
합계	100%

2. 재무제표 작성기준 및 중요한 회계정책

당사의 재무제표는 한국채택국제회계기준에 따라 작성되었습니다.

① 유형자산

유형자산은 원가로 측정하고 있으며 감가상각을 하지 않습니다(본 예제에서는 감가상각을 하지 않는 것으로 가정하였습니다).

② 수익

수익은 재화의 판매에 대하여 받았거나 받을 대가의 공정가치로 측정하고 매출 에누리와 할인 및 환입은 수익금액에서 차감하고 있습니다. 고객에게 통제가 이전된 시점에 재화의 판매를 수익으로 인식하고 있습니다.

(중략)

3. 현금 및 현금성자산

당기말 현재 현금 및 현금성자산의 내역은 다음과 같습니다.

구분	당기말
현금	1억 80만 원
합계	1억 80만 원

4. 유형자산

당기말 현재 유형자산의 내역은 다음과 같습니다.

구분	당기말
튀김기계	1억 원
인테리어	1억 원
합계	2억 원

(중략)

* * *

> **회계 읽기: 주식회사 양념통닭 주석**
> 회사의 사업 목적, 설립일, 본점 소재지, 주주 정보, 회사가 적용하고 있는 회계
> 문법(재무제표 작성기준과 회계정책)이 무엇인지를 확인합니다. 회사가 사용
> 하는 각각의 계정과목에 대한 자세한 내용도 주석을 통해 확인할 수 있습니다.

24

재무제표 연결해서 보기

재무제표 간의 상관관계

각각의 재무제표 읽기를 하면서 눈치채셨나요? 재무제표 사이에는 끈 끈한 관계가 있다는 것을 말입니다. 현금흐름표는 일정 기간 현금의 변동을 보여 주는데 그 결과는 재무상태표의 현금 항목에 표시됩니다. 손익계산서는 일정 기간 회사의 경영 성과를 알려 주는 재무제표인데, 그 결과는 재무상태표의 이익잉여금 항목으로 표시됩니다. 또한 일정 기간 자본의 변동에 관한 정보는 자본변동표에서 보여 주고, 그 결과 가 재무상태표에 자본 항목으로 나타납니다.

재무상태표는 손익계산서, 현금흐름표, 자본변동표와 서로 연동되어 있습니다. 어느 재무제표도 그것 하나만으로 의미를 갖지는 않습니다. 유기적으로 연결되어 모자란 부분은 보충해 주며 완전성을 더해 주는 상호 작용을 합니다.

재무상태표와 현금흐름표의 연결고리

재무상태표에서는 일정 시점 현재의 잔액만을 확인할 수 있습니다. 재무상태표에 있는 현금 항목의 기초 금액이 1년 동안 어떻게 변화해서 기말 현재 잔액이 되었는지 궁금하다면, 현금 항목을 클릭한다고 상상해 봅니다. 클릭을 하면 현금흐름표가 나타납니다. 현금흐름표를 통해 1년 동안 현금의 변동 사항을 확인할 수 있습니다.

▼ 재무상태표 클릭하기 - 현금흐름표

재무상태표와 자본변동표의 연결고리

재무상태표를 보다가 1년 동안 자본 및 그 세부 내용의 변동 내용이 궁금하다면 자본변동표를 확인하면 됩니다. 재무상태표에서 자본의 각 항목을 클릭하면 바로 자본변동표가 나타나고, 자본의 각 항목별 1년간 변동 내용을 파악할 수 있습니다.

▼ 재무상태표 클릭하기-자본변동표

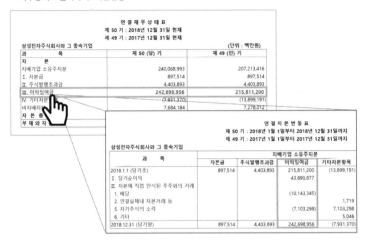

재무상태표 및 자본변동표와 손익계산서의 관계

재무상태표의 이익잉여금, 자본변동표의 이익잉여금 변동은 주로 손익계산서의 당기순이익에 따라 변화합니다. 이익잉여금의 변동 내용을 확인하려면 재무상태표의 이익잉여금이나 자본변동표의 이익잉여금 또는 당기순이익 항목을 클릭합니다. 그러면 바로 손익계산서 링크를 통해 당기순이익의 1년간 변화 내용을 확인할 수 있습니다.

▼ 당기순이익 클릭하기-손익계산서

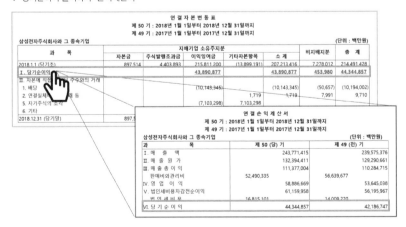

회계 단어 | **재무상태표 필수 단어 이해하기**

계정 이해하기

재무제표에는 숫자 외에도 다양한 정보들이 담겨 있습니다. 자산, 부채, 자본, 영업이익, 당기순이익뿐만 아니라 재고자산, 유형자산, 무형자산, 판매비와 관리비, 지분법이익, 복구충당부채처럼 알 것도 같고, 생소하기도 한 항목들이 있습니다. 회계에서는 다양한 항목의 이름을 가리켜 '계정'이라고 합니다. 회계 쓰기의 육하원칙에 따라 회계를 쓸 때는 이 계정에 숫자를 담습니다.

'자산 계정'은 '자산이라는 항목'을 의미하는 것입니다. 회계 언어식 표현으로 재무제표에 등장하는 다양한 이름들(계정)은 '회계 단어'에 해당합니다.

사실 회계 언어를 제대로 구사하려면 회계 단어들을 모두 알아야 합니다. 그러나 재무제표에는 너무나 많은 단어가 존재합니다. 심지어 이 회계 단어들은 회계를 쓰는 회사가 필요에 따라 원하는 대로 바꿔서 적을 수도 있고, 비슷한 단어들끼리는 묶어서 하나로 표시할 수도 있습니다. 동일한 재산이라도 회사에 따라 다른 이름으로 부를 수 있다는 말입니다. 어차피 양도 많고 회사마다 다르게 사용할 수도 있는 것이니, 회계 단어 그 자체에는 큰 의미를 부여하지 않아도 됩니다. 중요한 회계 단어 위주로 이해하고, 나머지는 상식으로 의미만 파악해도 회계 외국인이 회계 언어를 사용하는 데는 전혀 지장이 없습니다.

중요한 회계 단어 몇 가지만 알고 있으면 여러 가지로 활용이 가능합니다. 물론 회계 언어의 기술에서 알려 드린 것처럼 각 회계 단어들은 상식이 통하는 선에서 만들어집니다. 주로 어디서 많이 들어 본 단어일 것이고, 내가 알고 있는 그 개념이 대부분 맞습니다.

재무상태표 단어 이해하기

회계 단어는 재무상태표 단어와 손익계산서 단어 두 가지로 구성되어 있습니다. 자본변동표, 현금흐름표, 주석에서는 앞서 두 재무제표에서 사용된 단어를 재활용할 뿐입니다.
회계 읽기에서 배운 기본 재무상태표를 다시 소환해 보겠습니다.

① 회사의 재산(자산)	② 채권자 몫(부채)
	③ 주주 몫(자본)

재무상태표는 부채와 자본 및 자산이라는 회계 단어로 구성된 재무제표입니다. 각 단어의 의미는 회계 읽기에서 살펴본 것처럼 다음과 같습니다.

- 부채: 빌린 돈(빚)
- 자본: 투자받은 돈
- 자산: 부채와 자본(조달한 자금)으로 구입하거나 투자한 재산

다음에서는 부채와 자산에서 등장하는 다양한 단어들을 살펴보겠습니다. 자본의 단어는 회계 말하기에서 공부하도록 하겠습니다.

(1) 부채 항목 단어 이해하기

부채는 매입채무, 차입금, 사채, 충당부채 등 다양한 단어들을 포함하고 있습니다. 각 단어들의 의미는 조금씩 다르지만 본질적으로 빌린 돈이고 갚아야 할 빚이라는 점에서는 동일합니다.

✽ 알아두세요 ──────
매입채무는 외상매입금(외상으로 매입하고 그 대금을 미래에 지급하기로 한 채무)과 지급어음(외상으로 매입하고 그 대금 지급 날짜와 금액을 기재한 어음) 등을 말합니다.

✔ **매입채무(Account Payables):** 매입채무*는 회사가 제조·판매할 목적에서 상품, 원재료 등을 외상으로 구입한 경우, 그 거래처에게 갚아야 할 빚, 즉 외상값을 의미합니다. 제조회사들은 제품을 만들 때 필요한 원재료 등을 외상으로 구입하는 경우가 많으므로 제조회사의 재무상태표에는 종종 매입채무라는 단어가 등장합니다. 삼성전자도 8조 원 정도의 매입채무를 가지고 있습니다. 반면 금융회사의 재무상태표에서는 매입채무라는 단어는 찾아보기 어렵습니다. 금융회사의 주요 수익은 돈을 빌려주는 활동에서 발생합니다. 그 과정에서 돈을 빌릴지언정(차입금) 외상으로 원재료나 서비스를 구입할 이유는 없습니다.

✔ **차입금(Loan Payables):** 은행이나 기타 외부로부터 빌린 돈입니다. 1년 이내에 갚아야 할 차입금은 단기차입금(유동부채), 1년 이후에 갚아야 할 차입금은 장기차입금(비유동부채)으로 분류합니다.

> 잠깐
> 만요 **유동부채와 비유동부채는 결제시기로 구분한다**
>
> 부채는 결제시점에 따라 1년 내에 결제해야 할 빚이면 유동부채, 1년 이후에 결제해야 할 빚은 비유동부채로 구분합니다. 유동부채와 비유동부채는 단순히 결제시기의 차이로 구분하는 것이므로 부채 항목들의 결제시기에 따라 유동부채가 되기도 하고 비유동부채가 되기도 합니다. 단기차입금은 유동부채이고, 장기차입금은 비유동부채인 것처럼 말입니다. 마찬가지로 매입채무·미지급비용은 유동부채, 장기매입채무·장기미지급비용은 비유동부채입니다.

✔ **사채(Bonds):** 사채(社債)는 회사채(會社債)를 줄인 말로 글자 그대로 회사가 빌린 돈이라는 뜻입니다. '사채 쓰다 집안이 망한다.'고 할 때의 사채(私債)와는 다른 개념입니다. 차입금이 은행에서 빌린 돈이라면 사채는 회사가 증권을 발행하여 다수인으로부터 빌린 돈이라는 점에서 차이가 있습니다.

잠깐
만요 사채와 차입금, 주식의 관계

회계에서 사채라고 하면 회사채(會社債)를 의미합니다. 주식회사는 채권을 발행하고 대
중으로부터 자금을 조달할 수 있습니다. 채권은 차용증서 같은 개념으로 이해하는 게 쉽
습니다. 사채의 만기가 되면 회사는 채권자에게 원금을 상환해야 하고, 그때마다 정해진
이율의 이자를 지급해야 합니다. 갚아야 할 돈이라는 점에서는 은행으로부터 대출받은
돈인 차입금과 비슷합니다. 회사가 채권을 발행하는 것은 증권을 발행하고 주주로부터
자금을 조달한다는 측면에서는 주식 발행과 유사합니다. 다만, 채권은 만기에 원금을 상
환해야 하고(주식: 상환의무 없음), 확정된 금액의 이자(주식: 회사의 이익 발생 시, 배당
지급 가능, 금액은 확정된 바 없음)를 상환해야 한다는 점에서 주식과는 다릅니다.

✔ **미지급금(Non-trade Payables)**: 미지급금(未支給金)은 '아직 지급하지 않은 돈'을
의미하는 단어입니다. 미지급금 중에서도 특별히 제조·판매할 목적의 매입 활동에서
발생한 미지급금은 앞에서 살펴본 매입채무로 구분하여 표시합니다. 이외의 판매 활
동, 관리 활동 등에서 발생한 외상값이 미지급금에 표시됩니다(사무용품 외상대금, 회
계서비스 외상대금 등).

✔ **선수금(Advance Received)**: 선수금(先受金)은 '미리 받은 돈, 먼저 받은 돈'입니다.
현금을 받긴 했는데, 아직 내 돈이 아니라는 의미에서 빚입니다. 선수금을 받으면 회
사는 그 돈의 상당액만큼의 상품이나 서비스를 반드시 고객에게 제공해야 합니다. 매
입채무나 미지급금은 미래에 돈으로 갚아야 할 빚인 반면, 선수금은 상품이나 제품,
서비스로 그 빚을 갚아야 한다는 점에서 차이가 있습니다.

✔ **예수금(Withholdings)**: 예수금(豫受金)은 회사가 미리 받아 둔 '남의 돈'을 말합니
다. 선수금도 미리 받은 돈이지만 결국 그 돈은 회사의 돈이 되는 부채인 반면, 예수금
은 회사가 잠시 보관하고 있을 뿐, 결국 누군가에게 내줘야 하는 부채라는 점에서 차
이가 있습니다. 회사는 국세청을 대신하여 임직원의 급여 중에서 소득세(원천세)를 미
리 떼어서 보관했다가 국세청에 납부해야 합니다. 이때, 임직원을 대신해서 납부하기
위해 보관하고 있는 돈을 예수금 중에서도 원천세 예수금이라고 합니다.

지금까지는 상식선에서 충분히 이해할 수 있는 단어들을 살펴보았습니다. 이제부터는 회계 쓰기의 기본 원칙이나 회계 용어에 대한 이해가 있어야 이해할 수 있는 단어들이니 지금 당장 의미를 알 수 없더라도 너무 부담을 가질 필요는 없습니다.

✱ 알아두세요
미지급이자, 미지급보험료 등 다양한 항목들이 있고, 유사한 항목의 금액을 모아 '미지급비용'이라는 계정에 기록합니다.

✔ **미지급비용(Accrued Expenses)***: 미지급비용(未支給費用)은 이미 비용이 발생하긴 했지만, 대금을 지급하기로 한 날이 도래하지 않아 아직 지급하지 않은 돈을 의미합니다. 대표적인 미지급비용으로는 미지급이자가 있습니다. 차입금에 대한 이자지급일이 내년 1월 5일인 경우, 올해 12월 31일에는 아직 이자를 지급할 필요는 없지만, 이자비용은 발생합니다. 이때 차입일부터 12월 31일까지 발생한 이자를 미지급비용으로 처리합니다.

✱ 알아두세요
소송충당부채, 판매보증충당부채, 구조조정충당부채, 환경관련충당부채 등 회사의 상황에 따라서 다양한 충당부채가 존재할 수 있습니다. 중요하지 않은 금액의 항목들은 일괄적으로 충당부채로 합하여 하나로 표시합니다.

✔ **충당부채(Provisions)***: 충당부채는 실제로 지출하게 될 금액이나 지출해야 될 시기는 불명확하지만 그 지급 행위가 일어날 가능성이 높은 경우, 그 빚을 미리 기록해 두는 부채 항목입니다. 충당(充當)이라는 단어는 모자란 것을 채워 메운다는 뜻입니다. 회계 언어에서도 '미래에 모자랄지도 모를 돈을 미리 부채 항목으로 충당해 둔다'는 의미로 이해할 수 있습니다.

✔ **이연법인세 부채(Deferred Tax Liabilities)**: 이연법인세 부채는 회계 언어에서 이연법인세 회계를 적용하다 보니 생겨난 부채 항목입니다. '현재의 어떤 사건의 결과로 미래에 납부하게 될 법인세 부채'라는 의미입니다.

> **잠깐만요** 이연법인세 회계
>
> 회계 언어에서는 미래에 법인세로 납부할 금액을 추정해서 현 시점의 부채(이연법인세 부채)로 기록하고, 미래에 회수 가능한 법인세 금액을 현재의 자산(이연법인세 자산)으로 인식하도록 하고 있습니다. 이러한 회계 문법을 '이연법인세 회계'라고 합니다. 예컨대, 올해 발생한 거래가 내년에 법인세를 증가시키는 거래인 경우, 그 법인세 효과만큼의 법인세비용이 올해 이미 발생했다고 간주합니다. 내년에 세금으로 낼 의무이므로 이연법인세 부채를 미리 인식합니다. 반대로 올해 발생한 거래가 내년에 법인세비용을 감소시킬 때, 그 법인세 효과만큼을 올해의 자산, 즉 이연법인세 자산으로 기록합니다. 이것은 회계 원어민들도 힘들어하는 분야입니다. 회계 외국인들은 그런 개념이 있다는 것만 우선 알아둡시다.

(2) 자산 항목 단어 이해하기

회사가 조달한 자금을 어떻게 운용하고 있는지, 즉 무엇을 사고, 어디에 투자했는지를 자산 항목에서 확인할 수 있습니다. 그러므로 자산 항목에는 회사가 살 만한 것, 투자할 만한 다양한 재산 목록이 등장합니다.

✓ **현금 및 현금성자산(Cash and Cash Equivalents)**: 말 그대로 현금이나 현금과 비슷한 자산을 묶어 놓은 항목입니다. 현금화시키는 것이 매우 쉽고, 가치변동 위험이 경미한 자산이라고 이해하면 됩니다. 지폐, 동전뿐만 아니라 수표, 당좌예금, 보통예금, 양도성예금증서(CD), MMF, CMA, MMF 등이 모두 포함됩니다.

✓ **금융자산(Financial Instruments)**: 회계 언어의 공식적인 금융자산의 정의는 다음과 같습니다만, 회계 외국인이 이해하기에는 조금 어려운 말로 정리되어 있습니다. 재무상태표에서 금융자산이라는 단어가 사용된 자산이 있다면, 그것은 우리가 재테크할 때 흔히 사용하는 각종 금융상품, 즉 주식, 채권, 파생상품 등으로 이해하면 됩니다.

> **금융자산의 정의**
> 현금, 다른 기업의 지분상품, 금융자산을 수취할 권리, 유리한 조건으로 금융자산이나 금융부채를 교환하기로 한 계약상 권리, 지분상품으로 결제되거나 결제될 수 있는 일정 계약

✓ **매출채권(Account Receivables)**: 매입채무와 정반대의 개념입니다. 회사가 상품이나 제품, 서비스를 외상으로 판매했을 때, 외상 판매 대금을 매출채권이라고 합니다.

✓ **미수금(Non-trade Receivables)**: 미수금(未收金)은 미지급금과 정반대의 개념입니다. 매출채권 외에 회사가 아직 받지 못한 돈을 의미합니다. 예컨대, 광고회사가 업무에 사용하던 자동차를 판매하고 돈을 나중에 받기로 했을 때, 그 돈을 미수금으로 기록합니다. 물론 광고회사가 광고용역을 제공하고 받기로 한 돈은 매출채권입니다.

✓ **선급금(Advance Payments)**: 선급금(先給金)은 선수금과 정반대의 개념입니다. '먼저 지급한 돈'이라는 의미의 자산을 뜻합니다. 현금을 지급하긴 했지만 아직 상품이

나 서비스를 제공받지 못했을 때, 그 돈을 기록하기 위해 사용하는 항목입니다. 매출채권이나 미수금은 미래에 현금으로 받을 자산인 반면, 선급금은 상품이나 제품, 서비스를 제공받을 수 있는 권리라는 점에서 차이가 있습니다.

재고자산(Inventories): 회사가 판매를 위해 보관하거나 판매를 위해 생산 중인 자산, 또는 생산이나 용역 제공을 위해 보유하고 있는 원재료나 소모품을 모두 재고자산(在庫資産)이라고 합니다. 한자를 있는 그대로 해석해 보면 '창고에 있는 자산'이라는 뜻입니다. 제조회사에서는 당연히 제품을 생산하여 판매해야 하므로 보통 재고자산을 많이 보유하고 있습니다. 삼성전자의 재고자산은 28조 원에 이릅니다. 반면에 광고회사, 회계법인, 게임회사 등과 같은 서비스회사의 경우, 주로 고객에게 눈에 보이지 않는 용역이나 서비스를 제공합니다. 따라서 서비스회사의 재무상태표에는 재고자산이 없거나, 있더라도 그 금액이 상대적으로 매우 적습니다.

✱ 알아두세요 ─────
유형자산은 영어로 PPE(Property, Plant and Equipment)라고도 부릅니다.

유형자산(Tangible Assets)*: 유형자산(有形資産)은 회계 언어에서 '재화나 용역의 생산이나 제공, 타인에 대한 임대 또는 관리 활동에 사용할 목적으로 보유하는 물리적 형체가 있는 자산으로 1년을 초과하여 사용할 것이 예상되는 자산'으로 정의됩니다. 말은 어렵지만 결국 회사가 영업 활동을 위해 사용하는 눈에 보이는 각종 자산을 의미합니다. 회사 소유 자산으로 회사가 현재 사용하고 있는 부동산(본사 건물, 공장 등), 기계, 사무용가구, 자동차 등 눈에 보이는 웬만한 재산들은 대부분 유형자산이라고 보면 됩니다.

무형자산(Intangible Assets): 눈에 보이는 자산이 있다면, 보이지 않는 자산이 있습니다. 회사가 영업 활동에서 사용하고 있는 눈에 보이지 않는 자산을 무형자산(無形資産)이라고 합니다. 영업권, 산업재산권(특허권, 실용신안권, 디자인권, 상표권 등), 라이선스, 개발비 등이 대표적인 무형자산입니다.

재미있는 무형자산 **전속계약금**

연예기획사의 재무제표에는 재미있는 무형자산 항목이 있습니다. 바로 '전속계약금'이라는 자산입니다. 전속계약금은 연예인이 계약기간 동안 한 기획사와 전속계약한 대가(한 기획사와만 일하기로 약속한 대가)로 지급받는 돈입니다. 회사 입장에서는 전속계약금을 지급하고 연예인을 일정 기간 동안 독점적으로 사용(?)할 수 있는 권리를 얻게 됩니다. 그런 이유로 전속계약금은 회사의 무형자산으로 처리합니다.

✔ **대여금(Loan Assets)**: 회사는 돈을 빌려 올 수도 있지만 돈을 빌려줄 수도 있습니다. 회사의 임직원에게 주택자금을 빌려줄 수도 있고, 자회사에게 운영자금을 대여할 수도 있지요. 이렇게 회사가 남에게 빌려준 돈, 대여해 준 돈을 대여금이라고 합니다. 대여기간에 따라 단기대여금(유동자산)과 장기대여금(비유동자산)으로 나뉩니다.

✔ **이연법인세 자산(Deferred Tax Assets)**: 이연법인세 자산은 이연법인세 부채와 함께 이연법인세 회계로 인해 태어난 항목입니다. '현재의 어떤 사건의 결과로 미래에 회수 가능한 법인세 자산'이라는 의미입니다.

✔ **관계기업 및 공동기업 투자(지분법적용투자주식)***: 회사도 다른 회사의 주식에 투자할 수 있습니다. 시세차익을 얻기 위한 목적이나 성장 가능성이 있는 회사에 가치투자 목적으로 주식을 구입할 수도 있습니다. 이 경우, 그 주식은 금융자산*으로 구분합니다. 그런데 회사는 피투자회사를 지배하거나 통제할 목적으로 주식을 구입할 수도 있습니다. 회계 문법에서는 이런 주식에 대해서 지분법이라는 어려운 회계 문법을 사용하여 재무제표에 기록하도록 규정해 놓고 있습니다. 지분법을 적용하는 주식을 한국채택국제회계기준에서는 '관계기업 및 공동기업 투자'라는 항목으로, 일반기업회계기준에서는 '지분법적용투자주식'이라는 항목으로 구분합니다.

✱ 알아두세요 ────

관계기업 및 공동기업 투자는 영어로 Investments in Associates and Joint Ventures, 지분법적용투자주식은 Equity Method Securities라고 씁니다.

✱ 알아두세요 ────

한국채택국제회계기준에서는 시세차익 목적의 주식과 가치투자용 주식을 각각 당기손익-공정가치측정 금융자산, 포괄손익-공정가치측정 금융자산 등으로 부릅니다. 일반기업회계기준에서는 각각 단기매매증권, 매도가능증권으로 부릅니다.

지분법 개념의 이해

지분법(Equity Method)은 투자회사가 지배할 목적으로 피투자회사의 주식을 취득하는 경우, 다음과 같이 피투자회사의 순자산이나 이익 변동액 중 투자회사의 지분율에 해당하는 금액만큼을 투자회사의 재무제표에 반영하는 회계 문법입니다.

- **피투자회사의 순자산(자산 – 부채) 변동액 × 지분율**:
  투자회사의 재무상태표 인식(투자주식)
- **피투자회사의 당기순이익 × 지분율**: 투자회사의 손익계산서 인식(지분법이익)

지분법은 회계에서도 어려운 분야에 속합니다. 회계 외국인들은 지분법의 개념과 취지를 기억해 두는 것에 초점을 맞추는 것이 좋습니다. 보통 A회사가 B회사의 지분을 20% 이상 취득한 경우, A회사는 B회사에 대한 영향력을 행사할 수 있다고 봅니다. A회사는 B회사의 배당 정책이나 내부거래 정책 등에 영향력을 발휘하여 A회사의 이익을 조정할 수 있게 됩니다(예컨대, B회사가 배당을 많이 하도록 하여 A회사의 배당수익을 증가시킬 수 있지요). 이러한 이익 조정이 재무제표를 왜곡시키는 것을 방지하기 위해 회계 문법에서는 A회사와 B회사를 경제적으로 같은 실체인 것으로 보아 회계처리하도록 하고 있습니다. 즉, A회사가 B회사의 순자산 20% 이상을 직접 취득한 것과 같다고 보는 것입니다. B가 100만큼 이익을 냈다면 이익의 20%에 해당하는 20만큼은 A회사가 직접 발생시킨 이익으로 봅니다. 이 경우 지분법을 적용하면 A회사의 재무제표에서 자산(B회사 주식)이 20만큼 증가하고, 동시에 이익이 20만큼 증가하는 것으로 표시됩니다. 이때 이익 증가액을 A회사의 손익계산서에 '지분법 이익 20'으로 기록합니다.

넷째 마당

• • • • • •

회계 말하기,
재무제표
의역하기

회계 읽기에서 재무제표가 어떻게 생겼는지, 왜 그렇게 생기게 되었는지, 그것이 의미하는 바는 무엇인지에 대해 살펴보았습니다. 정말 이것만 알아도 되나 싶을 정도로 간단했지요. 사실 이제 와서 고백하건대, 회계 읽기에는 충분했던 기본 재무제표들이었지만 회계를 말하기에는 조금 부족함이 있었습니다. 그런 의미에서 회계를 말하기 위해 몇 가지만 더 살펴보겠습니다.

✔

25

준비 운동 (1):
재무상태표 조금 더 뜯어보기

유동과 비유동 개념 이해하기

회계를 읽거나 말할 때 유동이나 비유동이라는 말을 자주 접하게 됩니다. 이를테면, 유동자산과 비유동자산과 같은 단어들을 통해서 말이지요. 회계는 상식으로 접근해야 합니다. 일단 유동과 비유동이 무슨 말인지 먼저 확인해 보겠습니다.

유동(流動)

한자 '흐를 유(流)'와 '움직일 동(動)'으로 이루어진 단어입니다. 유동 인구, 유동적 상황이라고 할 때의 그 '유동'입니다. 국어사전을 보니, 액체가 흐르는 움직임을 뜻하기도 하지만, 이리저리 자주 옮긴다는 뜻도 있군요. 회계 언어에서는 '잘 움직인다'는 뜻으로 사용됩니다. 이때 움직이는 주체는 '현금'입니다. 회계에서 유동이란 '현금으로 변한다(현금화된다)'는 의미입니다.

비유동(非流動)

유동(流動)이 아니(非)라는 것이니, 회계 언어에서는 '현금으로 잘 변하지 않는다(현금화가 되지 않는다)'는 뜻입니다.

회계 언어에서 움직인다는 것은 무슨 의미일까요? 특히 재무상태표에서 움직인다는 것이 어떤 의미인지 생각해 볼 필요가 있습니다. 기본 재무상태표를 소환해 보겠습니다.

| ① 회사의 재산(자산) | ② 채권자 몫(부채) |
| | ③ 주주 몫(자본) |

재무상태표는 자산, 부채, 자본의 상태를 알려 줍니다. 자본은 뒤에서 살펴보겠지만 쉽게 움직이지 않는 돈이니 유동과 비유동의 의미가 있는 것은 자산과 부채 2가지뿐입니다.

회계 언어는 모든 것을 숫자로 기록하는데, 그 숫자가 의미하는 것은 당연히 '돈'입니다. 그리고 돈 중의 으뜸은 바로 현금입니다. 현금이 있어야 임직원에게 월급을 주고, 하청업체에 대금을 지불하며, 이자와 세금을 내고, 주주들에게 배당도 할 수 있으니까요.

그래서 회계를 읽고 말할 때에는 현금이 어떻게 움직이는지, 현금의 움직임을 주의 깊게 살펴봐야 합니다. 현금 자체도 중요하지만 다른 자산이 얼마나 현금으로 잘 움직이는지, 즉 빠르게 현금화시킬 수 있는 자산이 무엇인지, 그리고 그 종류와 양이 얼마나 되는지도 중요한 정보가 됩니다. 이때 빠르게 현금화시킬 수 있는 자산, 잘 움직이는 자산이 바로 유동자산입니다. 같은 의미에서 현금을 빠르게 유출시킬 수 있는 부채, 즉 금방 결제해야 할 부채를 유동부채라고 합니다.

회계 언어에서 '빠르게', '금방'이라는 시간은 1년으로 이해하면 됩니다. 유동자산*은 1년 내에 현금화시킬 수 있는 자산, 유동부채*는 1년 내에 결제해야 하는 부채라고 알아두세요. 재무상태표가 작성된 시점을 기준으로 내년에 현금화되는 자산과 내년에 만기가 도래하는 부채라고 생각하면 됩니다.

✱ 알아두세요

공식적인 유동자산과 유동부채의 정의는 다음과 같습니다.

• **유동자산**: 보고기간 후 12개월 이내에 실현될 것으로 예상되거나, 정상영업주기 내에 판매하거나 소비할 의도가 있는 자산

• **유동부채**: 보고기간 후 12개월 이내, 또는 정상영업주기 내에 결제될 것으로 예상되는 부채

- 유동자산(current assets): 1년 내에 현금화시킬 수 있는 자산
- 유동부채(current liabilities): 1년 내에 결제해야 할 부채

유동자산이 아닌 자산은 모두 비유동자산이고, 유동부채가 아닌 부채는 모두 비유동부채입니다.*

자, 이제 기본 재무상태표를 좀 더 세분화해 볼 수 있게 되었습니다.

① 회사의 재산(자산) = 유동자산 + 비유동자산	② 채권자 몫(부채) = 유동부채 + 비유동부채
	③ 주주 몫(자본)

✱ 알아두세요

대표적인 유동자산·비유동자산, 유동부채·비유동부채 항목은 다음과 같습니다.

- **유동자산**: 현금, 재고자산, 매출채권, 대여금, 미수금 능
- **비유동자산**: 투자자산, 유형자산, 무형자산, 장기대여금 등
- **유동부채**: 매입채무, 단기차입금, 미지급금 등
- **비유동부채**: 사채, 장기차입금, 장기미지급금 등

유동과 비유동을 구분하는 이유

어차피 자산은 자산이고 부채는 부채일 뿐인데, 자산과 부채를 왜 유동과 비유동으로 나누는 걸까요? 당연히 이해관계자들에게 유용한 정보를 제공하기 위해서입니다. 유동자산과 유동부채를 구분하여 표시한다는 것은 회사가 단기간 내에 현금화시킬 수 있는 자산이 얼마인지, 단기간 내에 갚아야 할 채무가 얼마인지에 대한 정보를 알려 준다는 의미입니다. 정보이용자들은 이 정보를 통해 회사가 채무불이행 위험에 놓일 가능성이 있는지, 안정적인 회사인지를 대략적으로나마 판단할 수 있게 됩니다.

아무리 회사가 좋은 실적을 달성했더라도 내년까지 현금화시킬 수 있는 자산(유동자산)이 없다면 당장 내년에 만기가 도래하는 빚(유동부채)을 갚지 못합니다. 그러면 회사는 망할 수밖에 없습니다. 내년에 갚아야 할 빚(유동부채)이 100억 원이라도 내년까지 현금으로 만들 수 있는 자산(유동자산)이 500억 원 있다면 이 회사는 위험하지 않은 회사이니 더 투자를 해도 되겠지요.

자본의 세세한 내용 이해하기

재무상태표에서 자산과 부채는 공부하다 보면 금방 익숙해집니다. 실제로 일상생활에서 사용되는 개념이나 용어가 많고 회계 언어도 실제 상거래를 그대로 담아내는 방향으로 사용되기 때문입니다. 그런데 자본과 관련된 회계는 주로 상법에서 규정하는 다양한 절차를 따르기 위해 생겼습니다. 상법을 모르면 자본과 관련된 회계가 어려울 수밖에 없습니다. 그래서 자본에 대한 회계 언어를 이해하기 위해서는 자본에 대한 개념 정립이 우선되어야 합니다.

> • 자본: 주주가 투자한 돈(납입자본)과 주주 몫의 이익(이익잉여금)

자본변동표에서 살펴보았듯, 자본은 납입자본과 이익잉여금이라는 2가지 항목으로 구성*되어 있습니다. 당연히 자본변동표의 자본과 재무상태표에 있는 자본은 같은 내용입니다. 단지 자본변동표는 그 자본이 1년 동안 어떻게 변화했는지를 보여 주는 것이고, 재무상태표는 자본의 변동 결과, 일정 시점(현재)의 자본은 얼마인지를 보여 주는 것뿐입니다.

납입자본

납입자본은 회사가 처음 설립되었을 때 또는 사업을 하는 도중에, 주주가 회사에 투자한 돈입니다. 주주가 납입한 돈이라는 의미에서 납입자본이라고 하지요. 이렇게 자본으로 불입한 돈은 회사가 없어질 때까지는 웬만해선 주주가 다시 가져갈 수 없습니다*. 상법에서 자본으로 불입한 돈은 함부로 건드릴 수 없도록 만들어 놨습니다. 주주가 함부로 돈을 빼 가면 회사를 안정적으로 유지할 수 없게 되고, 회사의 자본 규모를 믿고 돈을 빌려준 채권자나 다른 주주들이 손해를 볼 수 있

✱ 알아두세요
본래 자본은 자본금, 자본잉여금, 자본조정, 기타포괄손익누계액, 이익잉여금 등으로 복잡하게 구성되어 있습니다. 이런 내용은 회계원리 수업에서 배우면 되니, 지금은 자본의 본질을 이해하는 것에 집중합시다.

✱ 알아두세요
유상감자
상법상 자본 감소 절차를 통해 주주가 자본금을 돌려받는 경우가 있기는 합니다. 유상으로 자본을 감소시킨다고 해서 '유상감자'라고 합니다.

기 때문입니다. 그래서 납입자본은 주주가 투자하고 잊어버린 돈, 그냥 묻어둔 돈, 웬만하면 변하지 않는 돈이라고 이해하면 됩니다.

이익잉여금

이익잉여금은 회사의 이익(당기순이익)을 사용하지 않고 주주 몫으로 차곡차곡 쌓아둔 돈입니다. 이익잉여금은 회사의 활동으로 증가된 '주주의 몫'이므로 당당히 자본의 한 축을 차지합니다. 납입자본은 증자나 감자가 없는 이상 변함이 없으나, 이익잉여금은 매년 달라집니다. 회사가 돈을 잘 벌었으면 증가할 것이고, 번 것보다 많이 썼다면 감소하기도 합니다.

자본에 대해 살펴보았으니 이제 기본 재무상태표가 한 번 더 진화할 차례입니다.

① 회사의 재산(자산)	② 채권자 몫(부채) = 유동부채 + 비유동부채
= 유동자산 + 비유동자산	③ 주주 몫(자본) = 납입자본 + 이익잉여금

진화한 재무상태표 확인하기

다음은 삼성전자의 재무상태표입니다. 회계 읽기에서 살펴본 기본 재무상태표에 이번에 배운 몇 가지 항목을 추가해 보았습니다.

▼ 삼성전자 2018 연결재무상태표   (단위: 조 원)

① 회사의 재산(자산)		② 채권자 몫(부채)	
		유동부채	69
유동자산	175	비유동부채	22
		소계	91
		③ 주주 몫(자본)	
		납입자본	5
비유동자산	164	이익잉여금	243
		소계	248
총계	339	총계	339

실제 재무상태표에는 위의 내용보다 더 많은 항목들이 포함되어 있습니다. 유동자산만 하더라도 당좌자산, 재고자산으로 구성되어 있고, 다시 당좌자산에는 현금, 현금성자산, 매출채권, 선수금, 미수금 등 다양한 자산이 포함되어 있습니다. 그러나 그 모든 자산과 부채를 안다면 그가 바로 회계 원어민이겠지요. 복잡한 내용은 필요할 때 배우면 됩니다. 아무리 복잡한 재무상태표라도 잘 들여다보면 결국 위와 같이 단순하게 생겼다는 것을 기억합시다.

26

준비 운동 (2):
회계 읽기 재점검

주요 항목 확인하기

지피지기면 백전백승이라는 말이 있습니다. 회계를 말할 때도 마찬가지입니다. 일단 말하고자 하는 재무제표 그 자체의 의미를 파악하는 것에서 시작합니다. 회계 말하기 준비 운동으로 회계 읽기를 재점검해 봅니다. 즉 회사의 자산과 부채, 자본의 금액은 얼마나 되는지, 매출액과 영업이익, 당기순이익은 얼마인지, 영업 활동 현금흐름은 얼마인지 등을 확인합니다. 아래는 삼성전자 재무제표에 대한 회계 읽기 점검 내용입니다.

▼ 2018 삼성전자 연결재무제표 주요 항목   (단위: 조 원)

재무제표	주요 항목	금액	회계 읽기
재무상태표	유동자산	175	1년 내 현금화할 수 있는 자산
	비유동자산	164	유동자산 외의 자산
	자산	339	유동자산과 비유동자산의 합계
	유동부채	69	1년 내 만기가 도래하는 부채
	비유동부채	22	유동부채 외의 부채
	부채	91	유동부채와 비유동부채의 합계(타인자본)
	자본	248	회사 재산 중 주주 몫의 돈(자기자본)

손익계산서	매출액	244	영업 활동으로 번 돈
	영업이익	59	영업 활동으로 벌어서 쓰고 남은 돈
	세전이익	61	세금 내기 전 남은 논
	당기순이익	44	세금 내고 남은 돈
현금흐름표	영업 활동 현금 변동액	67.1	영업 활동과 관련한 현금 변동
	투자 활동 현금 변동액	(-)52.2	투자 활동과 관련한 현금 변동
	재무 활동 현금 변동액	(-)15.1	자금조달과 관련한 현금 변동

> **회계 읽기 재점검**
> - **재무상태표**: 이 회사의 자산은 339조 원인데, 그중 91억 원은 부채, 248억 원은 자본으로 구성되어 있습니다. 자산 중에 1년 내 현금화시킬 수 있는 유동자산은 175조 원이고, 1년 내 만기가 도래하는 유동부채는 69조 원입니다.
> - **손익계산서**: 회사는 영업 활동에서 244조 원을 벌었으며, 영업에 따른 이익은 59조 원, 세전이익은 61조 원, 세금까지 내고 최종적으로 남은 이익은 44조 원입니다.
> - **현금흐름표**: 회사가 영업 활동으로 번 현금은 67조 원, 투자 활동으로 쓴 현금은 52조 원, 재무 활동으로 지출한 현금이 15조 원 가량입니다.

이상한 항목 찾아내기

중요한 항목을 찾은 후 여력이 된다면 더 나아가 재무제표에 나오는 다양한 숫자들을 확인해 봅니다. 흥미 있는 항목이나 유난히 숫자가 큰 항목, 특별히 이상한 항목에 관심을 가져도 좋습니다. 보통 이렇게 이상한 항목들이 중요한 경우가 많으니까요. 예컨대, 앞의 기본 재무상태표나 진화된 재무상태표에서는 보지 못했지만 실제 삼성전자의 연결재부상태표를 살펴보면 유난히 큰 숫자를 가진 항목들이 있습니다. 삼성전자의 연결재무상태표는 123페이지에서 확인할 수 있습니다.

다음은 삼성전자의 연결재무상태표에 있는 큰 숫자를 가진 항목들입니다.

현금 30조 원, 단기금융상품 66조 원, 매출채권 34조 원, 재고자산 29조 원, 유형자산 115조 원, 매입채무 8.4조 원

조 단위라는 숫자가 너무 커서 읽는데 불편하다면 조를 빼고 읽어도 됩니다. 감이 좋은 분들은 언뜻 위의 내용만 보더라도 재무구조가 상당히 건전하고, 꽤 큰 규모의 회사인 것을 알 수 있을 것입니다. 현금(30조 원)과 언제든지 현금화시킬 수 있는 단기금융상품(66조 원)의 합계가 96조 원이나 됩니다. 그에 비해 1년 내에 갚아야 할 유동부채는 앞서 보았듯 69조 원이니, 이 회사는 어지간해서는 단기간에 빚을 갚지 못해서 망할 위험은 없어 보입니다. 이렇게 자산과 부채의 구성(재무구조)을 보았을 때, 채무불이행 위험이 크지 않은 것을 재무구조가 건전하다고 이야기합니다.

이렇게 이상한 항목을 찾아낼 때에는 회사의 기본적인 자금조달 현황과 자산 규모, 매출액과 영업이익 규모, 현금흐름의 양호함 정도를 확인하면 충분합니다. 이런 작업은 마치 밑줄 긋기와도 같습니다. 추후 말하기를 할 때 주의 깊게 살펴봐야 할 항목이 무엇인지 체크하는 마음으로 중요하거나 이상한 항목을 찾아서 표시해 놓는 것입니다. 이렇게 찾아낸 정보는 회계 말하기의 주요 재료가 됩니다.

아직 회계를 말할 준비가 되지 않았다면 일단 준비 운동까지만 해 봐도 괜찮습니다. 회계 언어에 대한 지식이 생기면 회계 말하기는 차차 자연스럽게 할 수 있습니다.

27

회계 말하기의 기술

| 회계 말하기의 기술 (1) |

현금흐름표가 우선이다

회계 말하기를 할 때 습관적으로 재무상태표, 손익계산서, 현금흐름표의 순서로 살펴보는 경우가 많습니다. 회사의 자산 규모나 매출 규모 등이 중요한 정보이기도 하고, 애초에 재무제표를 나열해 놓은 순서가 그런데다가 회계학 수업에서도 현금흐름표는 맨 나중에 배우기 마련이지요. 이런 이유로 무의식적으로 재무제표를 볼 때 재무상태표와 손익계산서를 먼저 확인합니다. 더구나 현금흐름표는 회계사들도 작성하기 어렵다고 소문이 자자한 까다로운 재무제표이니, 현금흐름표를 먼저 볼 생각은 잘 하지 않습니다.

그런데 그 어렵다는 현금흐름표가 회계 외국인들에게는 사실 가장 쉬운 재무제표입니다. 현금흐름표는 유일하게 현금주의가 적용된 재무제표입니다. 물론 현금흐름표를 작성하려면 발생주의를 완전하게 이해해야 합니다. 발생주의에 따라 작성한 재무상태표와 손익계산서를 사용하여 현금흐름표를 만들기 때문입니다. 그러거나 말거나, 현금주의가 적용된 현금흐름표는 가계부처럼 읽고 말할 수 있습니다. 회계 외국인들이 이해하기 가장 쉬운 재무제표일 수밖에 없습니다.

게다가 28장 <현금흐름표 말하기>에서 살펴보겠지만 현금흐름표를 통해 향후 회계 말하기의 방향을 설계할 수 있습니다. 현금흐름표는 대략적이나마 회사가 성장하고 있는지, 쇠퇴기에 있는지, 공격적인 투자를 하고 있는지, 구조조정 중인지 등에 대한 신호를 보내 주기 때문입니다. 이런 신호에 맞춰 분석해 볼 가치가 있는 회사인지, 어떤 부분에 집중해서 살펴보면 되는지 등을 정할 수 있습니다.

다짜고짜 어렵고 낯선 재무상태표와 손익계산서로 돌진하기보다는 현금흐름표 먼저 훑어보면서 마음의 준비를 해 봅시다. 본격적인 회계 말하기는 그 이후에 시작하면 됩니다.

| 회계 말하기의 기술 (2) |
재무비율로 아이디어 훔치기

회계 읽기를 통해 재무제표의 대략적인 생김새와 용도를 확인해 보았습니다. 그런데 막상 그것을 어떻게 말하라는 것인지, 도대체 어떻게 분석하라는 것인지 막막하고 막연한 생각이 들 수 있습니다. 그럴 때는 일단 재무제표를 전체적으로 한번 훑어보면서 유난히 이상한 숫자가 있는지, 이상한 항목이 있는지를 먼저 확인해 보세요. 이상한 것이 있다면 왜 이상하게 된 것인지 그 궁금증을 풀기 위한 노력을 하는 것이 회계 말하기의 시작입니다. 그런데 아무리 봐도 이상한 점이 안 보일 수 있습니다. 처음에는 무엇이 이상한 것인지도 잘 파악이 되지 않기 마련이니까요.

그렇다면 재무비율을 통해 회계 말하기의 팁을 얻는 것이 도움이 됩니다. 오랜 시간 많은 전문가들이 회계를 읽고 말하다 보니 중요한 내용을 좀 더 쉽고 빠르게 분석할 수 있는 도구가 필요해졌습니다. 구구단처럼 척하면 척하고 답이 나올 수 있도록 아예 중요한 회계 말하기 방법을 공식으로 콕 찍어 만들어 놓은 것이 바로 재무비율입니다. 그러니 회계 말하기가 영 막막하다면 아예 재무비율 공식들을 나열해 놓고 그 비율이 의미하는 바가 무엇인지, 그것을 통해 알아야 할 내용이 무엇인지를 음미하면서 재무비율 순서대로 회계를 말하는 습관을 들이면 됩니다.

물론 유동비율 130%, 부채비율 100%니 하는 숫자를 알아야 한다거나, 공식을 외우라는 의미는 전혀 아닙니다. 그저 재무비율을 통해 회계를 말하는 방법, 그 아이디어를 얻을 수 있으면 충분합니다. 어차피 나중에 회계 원어민이 되면 굳이 외우지 않더라도 재무비율을 활용하여 회계를 말하게 될 테니까요.

▼ 포털사이트(네이버)의 재무비율 제공 화면

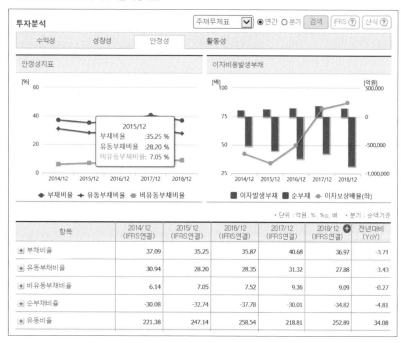

항목	2014/12 (IFRS연결)	2015/12 (IFRS연결)	2016/12 (IFRS연결)	2017/12 (IFRS연결)	2018/12 (IFRS연결)	전년대비 (YoY)
⊞ 부채비율	37.09	35.25	35.87	40.68	36.97	-3.71
⊞ 유동부채비율	30.94	28.20	28.35	31.32	27.88	-3.43
⊞ 비유동부채비율	6.14	7.05	7.52	9.36	9.09	-0.27
⊞ 순부채비율	-30.08	-32.74	-37.78	-30.01	-34.82	-4.81
⊞ 유동비율	221.38	247.14	258.54	218.81	252.89	34.08

공식이라고 하니 덜컥 겁이 날 수도 있겠지만, 회계 언어에는 사칙연산만 존재한다고 했습니다. 특히 재무비율은 나누기만 할 줄 알면 웬만큼 해결되니 수식 자체에 대한 두려움은 내려놓아도 좋습니다. 더구나 계산하기 힘들까 봐 포털사이트 증권 섹션에서 회사별로 다양한 재무비율을 이미 계산해 둔 곳도 많고, 해당 회사의 홈페이지에도 재무비율 정보를 제공하는 경우도 있으니 이런 내용을 참고해도 좋습니다.

| 회계 말하기의 기술 (3) |
체크리스트 활용하기

처음부터 재무제표를 보고 바로 회계를 말한다는 것은 쉬운 일이 아닙니다. 그래서 재무제표별로 회계를 말할 때 확인해야 할 내용들을 체크리스트로 만들어 보았습니다. 재무제표를 말하다가 말문이 막히면 아래의 체크리스트를 꺼내 놓고 항목별로 하나씩 확인해 봅시다. 이런 연습이 쌓여 재무제표를 직독·직해할 수 있는 회계 원어민이 될 수 있습니다.

이 체크리스트는 여러 개의 많은 회계 말하기 방법 중 하나를 적어 놓은 것뿐입니다. 회계 언어에 익숙해졌다면 체크리스트는 완전히 무시하세요. 하나의 재무제표를 보다가 궁금한 항목이 생기면 바로 다른 재무제표를 확인해 보는 게 훨씬 효율적이고, 본인이 중요하게 생각하는 항목 위주로 재무제표를 확인하는 것이 본인에게 더 유익할 테니 말입니다.

회계 말하기 체크리스트

순서	재무제표	확인 사항	내용	참고 재무비율	확인
1	현금 흐름표	현금흐름표 부호 확인하기	회사의 전반적인 상황 파악	-	
		영업 활동 현금흐름 확인하기	영업으로 인한 현금 창출 능력	-	
		투자 활동 현금흐름 확인하기	회사의 투자 내용	-	
		재무 활동 현금흐름 확인하기	채무불이행 위험, 자본구조의 건전성 확인	-	
2	재무 상태표	자본구조 확인하기	부채, 자본, 자산의 규모가 얼마나 되는지 확인	-	
		이상한 자산, 부채, 자본 항목 확인하기	특이한 항목 확인	-	
		유동성 확인하기	단기 채무 지급 능력	유동비율	
		안정성 확인하기	재무구조의 건전성	부채비율	
				자기자본비율	
3	손익 계산서	경영 성과 확인하기	영업이익, 당기순이익 등의 규모	-	
		이상한 수익, 비용, 이익 항목 확인하기	특이한 항목 확인	-	
		수익성 확인하기	회사의 경영 성과	매출액 영업이익률	
				매출액 순이익률	
		안정성 확인하기	이자상환 능력	이자보상비율	
4	재무제표 섞어서 말하기	중요 항목 확인하기	재무제표의 상관관계를 활용한 이상 항목 확인	-	
		활동성 확인하기	회사가 자산을 효율적으로 운용하는 정도	재고자산 회전율	
				총자산회전율	
		수익성 확인하기	회사가 투자한 자본에 대한 수익성	총자산 순이익률	
				자기자본 순이익률	

다양한 상식 쌓기

회계를 잘 말하는 방법은 회계 언어 밖에서도 찾을 수 있습니다. 회사의 재무상태와 경영 성과는 재무제표에서 확인할 수 있지만, 더 의미 있는 분석은 거래, 회사, 산업 더 나아가 경제 상황에 대한 이해가 더해졌을 때 가능해집니다.

항공업은 비행기를 통해, 해운업은 선박을 통해 여객이나 화물을 운송하는 산업입니다. 이렇게 사소하고 작은 이해만 있어도 항공업이나 해운업을 영위하는 회사의 재무상태표에서 항공기나 엔진, 선박이라는 유형자산을 보고 놀라지 않게 됩니다. 주요 자산 비중이 작은 경우, 회사의 재무제표를 의심해 볼 수도 있습니다.

세금에 대한 지식이 있으면 재무제표에 적혀 있는 법인세비용, 부가가치세 대급금, 원천세 예수금 등의 항목을 쉽게 이해할 수 있습니다. 마찬가지로 유상증자나 유상감자가 무엇인지를 알아야 자본의 금액이 감소한 재무상태표나 자본변동표를 보고 고개를 끄덕일 수 있습니다.

잠깐만요 증자와 감자

증자는 회사가 주식을 추가로 발행해서 자본금을 증가시키는 것입니다. 회사가 설립되고 난 뒤, 주주로부터 추가 투자를 받기 위해 주식을 발행하고 돈을 받는 것을 유상증자라고 합니다. 무상증자는 자본금을 증가시키기는 하되, 주주들에게는 주식을 공짜로 발행하는 형태입니다. 회사의 이익잉여금을 줄이면서 자본금을 증가시키는 경우가 이에 해당합니다.

감자는 회사가 자본금을 감소시키는 것입니다. 유상감자는 회사가 주주에게 돈을 지급하면서 자본금을 감소시키는 것인데, 주주 입장에서는 투자한 자금을 회수하는 것이라고 볼 수 있습니다. 무상감자는 주주에게 돈을 지급하지 않고 자본금만 줄어드는 형태입니다. 회사의 누적된 결손금이 많을 때 결손금을 줄이기 위한 방법으로 이용됩니다.

회계 외국인들은 증자와 감자라고 하면 우선 유상증자와 유상감자라고 알아두어도 됩니다. 상법이나 주식 등에 대한 상식이 쌓이면 무상증자와 무상감자에 대한 회계는 자연스럽게 터득하게 될 것입니다.

회계는 비즈니스의 언어입니다. 당연히 비즈니스를 알아야 회계 언어를 더 잘 말할 수 있습니다. 다양한 상식을 쌓는 것이야말로 회계를 잘 말할 수 있는 비법 중의 비법입니다.

아래는 어느 회사의 기본 재무상태표입니다.

▼ 어느 회사의 2017년 기본 연결재무상태표   (단위: 조 원)

① 회사의 재산(자산)	324	② 채권자 몫(부채)	302
		③ 주주의 몫(자본)	22
합계	324	합계	324

회계 읽기를 충분히 연습해 보았고, 회계 말하기를 준비하고 있는 상황에서 살펴보면 일반적인 재무상태표와는 조금 다른 느낌이 드는 재무제표입니다. 어떤 점이 다르고 이상한지 눈치채셨나요?

여기서 이상한 점은 부채가 커도 너무 크다는 점입니다. 자산이 324조 원인데, 그중 93%인 302조 원을 채권자들로부터 조달했습니다. 삼성전자는 자산 중 부채 금액 비율이 27%, Apple Inc.의 경우 71%입니다. 삼성전자에 비하면 Apple Inc.도 부채를 꽤 많이 사용한 것 같은데, 위의 회사는 아예 부채가 자산의 93%나 되는군요. 자산의 대부분을 부채로 조달했다는 의미인데, 이것은 조금 과하다는 생각이 들기도 합니다. 이런 상황이라면 빚을 제대로 갚을 능력이 되는 회사인지 의심을 해 봄 직합니다. 이렇게 의심하고 그 답을 구하는 것이 회계 말하기입니다.

그런데 사실 위에서 소개한 재무상태표는 신한은행의 재무상태표입니다. 은행은 고객으로부터 조달한 부채를 운용하여 수익을 창출하는 회사입니다. 그런 이유로 총자산에서 차지하는 부채 비중이 매우 클 수밖에 없습니다. 일반 제조업 회사라면 부실의 징조일 수 있지만 금융회사인 경우에는 자연스러운 재무상태표라는 이야기입니다.

회계 언어를 이해하는 것도 중요하지만 그 못지않게 산업, 경제 등 회계 언어 외의 상식에 대한 이해가 수반되어야 회계 말하기가 쉽고 정확해진다는 것을 알 수 있습니다.

무조건 비교하기

사람들은 누구나 다른 사람과 비교당하는 것을 싫어합니다. 그러나 회계 언어에서는 반대입니다. 회계 언어를 잘 말하기 위한 비법이 바로 '엄마 친구 딸'과 열심히 비교하는 것입니다. 남보다 얼마나 잘했는지, 또는 얼마나 못했는지 적나라하게 비교해야 합니다. 그런 와중에 회계 말하기 스킬이 좋아집니다. '과거의 나'와 '현재의 나'를 비교해 보는 것도 유용합니다. 과거에 비해 얼마나 좋아졌는지, 이상한 점은 없는지 확인해 보면서 회계 말하기 실력이 향상됩니다.

과거의 나와 현재의 나 비교하기

비교 대상을 찾기 위해 멀리 갈 것도 없습니다. 과거의 나에 비해 현재의 내가 얼마나 발전했는지, 퇴보했는지를 비교하는 것만큼 쉽고 유용하게 활용할 수 있는 정보도 없습니다. 과거의 정보는 비교식 재무제표를 통해 바로 확인할 수 있습니다. 매출액이나 이익이 과거보다 얼마나 증가·감소했는지, 현금 보유고는 과거보다 얼마나 변동했는지, 유형자산 금액의 변동은 어떤지, 전기 대비 수익성은 얼마나 좋아졌는지, 모두 과거 정보와의 비교를 통해 점검해 볼 수 있습니다.

비교식 재무제표

당기 재무제표와 과거 기간의 재부제표를 비교해 볼 수 있도록 함께 표시하는 것을 비교식 재무제표라고 합니다. 기업회계기준에서는 정보이용자들에게 유용한 정보를 제공하기 위해 재무제표를 비교식으로 표시하도록 규정하고 있습니다. 비교식 재무제표라고 하여 어려울 것은 없습니다. 단지 현재의 재무 정보 옆에 전기 재무 정보를 표시해 주면 그뿐입니다. 현재의 재무 정보가 주요 관심사이므로 보통은 당기의 정보를 왼쪽에, 전기의 정보를 오른쪽에 표시해 줍니다.

▼ 비교식 재무제표 예시

연 결 재 무 상 태 표
제 50 기 : 2018년 12월 31일 현재
제 49 기 : 2017년 12월 31일 현재

삼성전자주식회사와 그 종속기업 (단위 : 백만원)

과 목	제 50 (당) 기		제 49 (전) 기	
자 산				
I . 유 동 자 산		174,697,424		146,982,464
1. 현금및현금성자산	30,340,505		30,545,130	
2. 단기금융상품	65,893,797		49,447,696	
3. 단기매도가능금융자산			3,191,375	
4. 단기상각후원가금융자산	2,703,693			
5. 단기당기손익-공정가치금융자산	2,001,948			
6. 매출채권	33,867,733		27,695,995	
7. 미수금	3,080,733		4,108,961	

다른 회사와 비교하기

회계에서 비교 대상이 되는 '엄친딸'은 본래 확인하고자 하는 회사와 같은 업종을 영위하는 회사입니다. 전자회사는 전자회사와, 백화점은 백화점과 비교를 해 보는 것입니다. 회사와 비슷한 규모의 경쟁업체여도 좋고, 업계의 1등 회사여도 좋습니다. 엄친딸과의 비교를 통해 회사가 지금 얼마나 잘하고 있는지, 무언가 특이사항은 없는지 파악할 수 있습니다. 물론 지금 막 시작하는 회사를 삼성전자처럼 큰 회사와 비교하는 것은 무의미할 수도 있습니다. 금액 단위 자체가 다르니, 금액만 비교해서는 유의미한 분석을 할 수 없는 것이 당연합니다. 이럴 때 사용하라고 있는 것이 나누기와 각종 비율입니다. 재무비율을 활용할 수도 있고, 원하는 자료의 비중을 계산해서 활용해 볼 수도 있습니다.

삼성전자의 자산 340조 원 중에서 회사가 보유한 현금은 30조 원입니다. 반도체를 생산하는 A전자의 경우, 전체 자산은 300억 원, 그중 현금은 30억 원이라고 칩시다. 삼성전자의 현금 30조 원과 A전자의 현금 30억 원을 비교한다면 유용한 정보를 얻을 수 없습니다. 이때 나누기를 활용해 봅니다. 삼성전자의 전체 자산 중에서 현금이 차지하는 비중은 9%입니다. 마찬가지로 A전자의 현금 비중은 10%입니다. 오로지 현금 비중만 따져볼 때, A전자의 현금 비중이 삼성전자보다는 높다는 분석을 할 수 있습니다. '삼성전자보다 현금 보유 비율이 높다니, 현금을 꽤 많이 쌓아 두고 있나 보군.'이라는 추측이 가능해집니다. 즉 아무리 회사 규모가 다르더라도 다양한 나눗셈을 사용하여 비교 가능한 정보를 만들어 낼 수 있습니다.

산업평균과 비교하기

비교 대상 회사를 특정하지 않고 그 산업의 평균과 비교해 볼 수도 있습니다. 한국은행(www.bok.or.kr)에서는 매년 '기업경영분석' 자료를 발행합니다. 기업경영분석을 통해 다양한 재무비율의 정의, 산업별 재무비율, 산업별 평균 재무 정보 등을 확인할 수 있습니다. 아울러, 한국은행 경제통계시스템(ecos.bok.or.kr)에서 해당 기업경영분석 자료에 대한 검색기능을 제공할 뿐만 아니라, 경기, 금리 등에 대한 다양한 통계 자료를 제공하고 있으니 참고해 볼 수 있겠습니다.

▼ 한국은행 경제통계시스템 홈페이지

이제부터 재무제표를 의역하는 활동인 회계 말하기를 함께해 볼 텐데요, 복잡함을 덜고 직관적인 이해를 돕기 위해 긴 숫자는 꼬리를 떼고 대략적인 숫자로 살펴보도록 하겠습니다(예 6,712,605,000만 원 → 67조 원).

유형자산 비중 비교하기 연습

B전자는 전자제품을 제조하여 판매하는 사업을 영위하고 있습니다.
B전자의 올해 말 자산총액은 4,476억 원, 유형자산은 731억 원입니다.
B전자의 이상한 점을 찾아보세요.

* * *

전체 자산 중 유형자산의 비중은 16.3%(731억÷4,476억×100)입니다. 자, 나누기까지
해 보았으니 이상한 점이 무엇인지 파악하셨나요? 만약 그렇다면, 축하합니다. 당신은
이미 회계 원어민입니다. 사실 회계 외국인들은 무엇이 이상한지 감도 잡기 어렵습니
다. '회계 말하기의 기술(5)'를 발휘할 때가 왔습니다. 무조건 비교해 보는 것입니다.

1. 엄친딸과 비교하기

전자업계의 대표적인 엄친딸은 삼성전자입니다. 삼성전자의 총자산은 339조 원,
그중 유형자산은 약 115조 원으로 총 자산의 약 34%가 유형자산으로 구성되어 있
습니다. 삼성전자의 유형자산 비중이 34%인데, B전자는 유형자산이 16.3%밖에
안 됩니다. 같은 업종인데 유형자산 비중이 이렇게 차이가 많이 나다니, 뭔가 이상
합니다. 상식적으로 전자제품을 제조하는 회사라면 큰 규모의 공장시설을 보유하
기 마련입니다. 부동산은 임대해서 사용하더라도 최소한 기계설비는 가지고 있어
야 제조를 할 수 있습니다.

2. 산업평균과 비교하기

기업경영분석 자료에서 2013년 전기장비 제조업 분야에 속한 회사들의 2013년
유형자산 비중을 확인해 보니, 삼성전자만 그런 것이 아니라 이 업종의 유형자산
비중은 총자산의 30%가 넘습니다. 확실히 B전자는 동종업계에 비해 유형자산 비
중이 적음을 확인할 수 있습니다.

제조시설이 부족하니 생산 활동이 다른 회사보다 덜 활발할 것이고, 그로 인한 매출도 적을 것으로 예상할 수 있습니다. 그럼에도 불구하고 만약 매출이 타사에 비해 많다면, 회사가 정말 탁월하게 공장 시설을 운용했거나, 혹은 재무제표에 장난을 쳤을 수도 있다는 의심을 해볼 수 있을 것입니다. 무엇이 진실인지는 다른 재무제표, 뉴스, 회사의 미래 전략, 평판, 소문 등 다양한 정보를 통해 확인해야 합니다. 의심하고 또 의심하여 결론을 찾아내는 것이 바로 회계 말하기입니다.

뒷이야기 위의 재무 정보는 로봇청소기 제조업체로 유명했던 모뉴엘의 2013년 연결재무상태표에서 가져온 것입니다. 2013년 모뉴엘은 수출 자료를 조작하여 매출과 매출채권(받을 돈)을 과다하게 인식했습니다. 없는 자산을 있는 것처럼 기록하다 보니 회사의 총자산 금액은 과다하게 인식한 매출채권 금액만큼 커지고, 자연스럽게 유형자산 비중은 낮아졌습니다. 이런 조작 사건은 2014년 적발되었는데, 그 이전부터 이미 재무제표에서는 분식회계 징조가 나타났던 것입니다.

28

현금흐름표 말하기

회계 말하기의 시작, 현금흐름표

회계 말하기는 현금흐름표 말하기에서 시작합니다. 이 순서를 따르는 것이 회계를 쉽고 빠르게 말할 수 있는 팁입니다. 현금흐름표를 한번 쓱 보는 것만으로도 회사에 대한 개략적인 파악이 가능합니다. 이를 통해 재무상태표나 손익계산서를 말할 때, 어느 부분에 관심을 가져야 하는지 계획을 세울 수 있게 되지요. 마치 항해하는 사람들에게 북극성이 방향을 일러주듯, 현금흐름표가 회계 말하기의 방향성을 제시해 줍니다.

| 현금흐름표 말하기 비법 (1) |
현금이 늘었다고 마냥 좋은 것은 아니다

삼성전자의 현금흐름표 읽기에서 찾아낸 정보를 나열해 보겠습니다 (현금흐름표는 142, 144페이지에서 보여드렸습니다).

▶ 영업 활동 현금 변동액	(+) 67.1조
▶ 투자 활동 현금 변동액	(-) 52.2조
▶ 재무 활동 현금 변동액	(-) 15.1조
▶ 현금 변동액	(-) 0.2조

위 정보가 의미하는 것은 영업 활동으로 번 현금이 67.1조 원, 투자 활동으로 쓴 현금이 52.2조 원, 재무 활동으로 쓴 현금이 15.1조 원, 결과적으로 1년 동안 0.2조 원의 현금이 감소했다는 의미입니다. 2,000억 원이나 되는 회사의 보유 현금이 감소했다니 나쁜 징조일까요? 결론은 현금이 늘었다고 마냥 좋은 것이 아니고, 현금이 줄었다고 무조건 나쁘기만 한 것도 아닙니다. 회사의 미래에 도움이 되는 투자를 위해 현금 지출을 했다면 현금 유출이 증가할 것이고, 회사가 돈이 없어서 차입을 많이 한 경우에는 반대로 현금 유입이 증가하기 때문입니다.

삼성전자의 투자 활동 현금흐름이 감소한 것은 회사가 공장이나 시설에 투자를 많이 했기 때문입니다. 이것은 회사의 생산성이 좋아져서 미래에 더 많은 제품을 싼값에 생산할 가능성이 높아졌다는 것을 의미합니다. 그러니 그저 현금이 감소했다고 나쁘게 볼 것이 아니라, 현금흐름표 숫자의 변동이 왜 발생했는지 현금흐름표의 세부 내용을 확인해 보거나, 회사의 재무상태표나 손익계산서, 그리고 각종 뉴스와 다른 정보들을 통해 확인하는 것이 필요합니다.

다음 페이지의 표는 영업 활동, 투자 활동과 재무 활동으로 인해 회사의 현금이 증가하거나 감소할 수 있는 상황을 정리해 본 것입니다.

현금 증가 · 감소 요인

영업 활동 현금 유입 증가 원인	영업 활동 현금 유출 증가 원인
• 외상 판매 대금의 회수가 늘었다. • 회사의 현금 매출이 증가했다. • 회사가 외상으로 구입한 재료비 대금 지급을 미루고 있다. • 원재료를 사지 못하고 있다. • 구조조정으로 인건비를 줄여서 현금 유출이 줄었다.	• 외상 매출이 증가했다. • 회사의 현금 매출이 감소했다. • 회사가 외상으로 구입한 재료비 대금을 빨리 갚고 있다. • 원재료 매입량을 늘렸다. • 인력 채용이 증가하여 인건비 유출이 증가했다.
투자 활동 현금 유입 증가 원인	**투자 활동 현금 유출 증가 원인**
• 회사가 투자했던 부동산이나 주식을 처분했다. • 회사가 빌려줬던 돈을 돌려받았다. • 회사가 운영에 필요한 기계나 공장의 투자를 줄였다. • 회사가 부동산이나 주식에 대한 투자를 줄였다.	• 회사가 부동산이나 주식을 매입했다. • 회사가 타인에게 돈을 빌려줬다. • 회사가 운영에 필요한 기계나 공장의 투자를 늘렸다. • 회사가 부동산이나 주식에 대한 투자를 증가시켰다.
재무 활동 현금 유입 증가	**재무 활동 현금 유출 증가**
• 회사가 대출을 많이 받았다. • 돈이 없어서 채무를 갚지 못하고 있다. • 회사가 유상증자를 통해 자금을 조달했다.	• 회사가 대출을 갚았다. • 회사가 배당을 실시했다. • 회사가 자사주를 매입했다. • 회사가 유상감자를 실시했다.

회사가 현금을 지출하면 현금은 감소하고, 현금이 입금되면 현금이 증가합니다. 일상생활에서 우리의 가계부에 적히는 현금의 변동 내용과 다를 바 없습니다. 그러니 현금흐름표에 적혀 있는 그대로, 눈에 보이는 그대로 읽고 이해하면 됩니다. 현금흐름의 변동이 무엇을 의미하는지 아는 것, 그것이 현금흐름표 말하기의 가장 우선 과제입니다.

숫자는 영향력을 의미한다

사실 회계를 말할 때 숫자 그 자체는 크게 중요하지 않습니다. 세세한 숫자를 가지고 씨름하는 것은 회계 관련 부서나 회계사, 국세청, 은행이나 투자자들이 할 일입니다. 그래서 우리는 일단 현금흐름표에서 숫자를 지워 버리기로 합니다. 그 숫자가 얼마나 큰지, 얼마나 작은지만 알면 충분합니다. 숫자가 크면 중요한 것이고, 숫자가 작으면 중요하지 않습니다. 이렇게 숫자는 해당 현금흐름의 '강도', '세기', '영향력', '중요성' 등*을 의미합니다.

✱ 알아두세요
연세대학교 박정우 교수님의 회계학 특강에서는 벡터(크기와 방향을 가지는 양)의 개념을 적용하여 현금흐름표를 분석하는 방법을 다룹니다. 이 책에서 현금흐름표를 말하는 방법은 '현금흐름표의 숫자는 강도를 의미하고, 현금의 흐름은 (+)와 (-)라는 부호로 해석한다.'는 박정우 교수님의 강의 내용에 따랐습니다.

| 현금흐름표 말하기 비법 (3) |

현금의 증가와 감소는 부호로 이해한다

현금흐름표에서 숫자는 지우고 증가(+)와 감소(-)라는 부호만 남겨 두세요. 현금이 어느 활동에서 증가하고 감소했는지, 그 부호만 파악해도 현금흐름표에서 얻을 것은 거의 다 얻은 셈입니다.

영업 활동, 투자 활동, 재무 활동으로 인한 현금흐름의 증감을 부호로 표시했을 때, 그 부호가 의미하는 바는 다음과 같습니다.

현금흐름표 부호의 의미

부호	영업 활동	투자 활동	재무 활동
+ (현금 증가)	영업을 할수록 돈을 번다	자산을 처분한다	돈을 빌린다
- (현금 감소)	영업을 할수록 손해다	공격적으로 투자한다	돈을 갚는다

부호의 의미를 먼저 파악한 후, 그런 현상이 발생한 원인을 유추해 보는 연습을 해 봅시다. 그 원인은 다른 활동 현금흐름을 통해 확인하거나 다른 재무제표를 통해 찾을 수도 있고, 뉴스나 공시자료, 소문이나 기타 정보를 통해 파악할 수도 있습니다.

영업 활동 현금흐름 (+) ⇒ 영업을 하면 할수록 현금이 들어온다

현상의 원인 회사가 영업을 잘함, 수익성이 좋음, 구조조정을 통해 인건비 감소시킴, 대금 지급 지연시킴 등

≫ 일반적으로 정상적인 영업이 이루어지는 회사입니다. 즉 정상적인 회사라면 영업 활동 현금흐름이 (+)이어야 합니다.

영업 활동 현금흐름 (−) ⇒ 영업을 하면 할수록 손해다

현상의 원인 수익성이 나쁨, 회사가 설립된 지 얼마 되지 않음 등

≫ 일반적으로 매우 위험한 회사입니다.

투자 활동 현금흐름 (+) ⇒ 부동산이나 주식 등의 자산을 처분한다

현상의 원인 대출을 상환하기 위해 현금이 필요하여 다른 자산을 매각함

① 회사의 대출이 많아서 자산을 판 것이라면 향후 채무불이행 위험이 해소될 수 있는지 확인해야 합니다. 다른 자산을 다 팔아도 대출을 갚기 어렵다면 결론은 부도뿐입니다.

② 대출을 잘 갚고 난 뒤, 자산을 줄이는 구조조정으로 인해 회사의 효율화를 기대해 볼 수도 있습니다.

③ 회사가 제조시설을 매각한 경우에는 회사의 성장이 둔화될 수 있음을 고려해야 합니다.

투자 활동 현금흐름 (−) ⇒ 부동산이나 주식 등에 공격적인 투자를 한다(대여를 한다)

현상의 원인 생산 라인을 확충하기 위해 공장 증설, M&A를 위해 주식 매입, 자회사 지원 또는 남는 현금을 활용하기 위해 자금 대여 등

》 생산 효율화, 투자에 따른 추가 이익을 기대할 수 있는 반면 공격적인 투자로 인한 위험 요소를 고려해야 합니다.

재무 활동 현금흐름 (+) ⇒ 돈을 빌린다(유상증자)

현상의 원인 운영 자금 부족, 빚을 상환할 여력 부재, 추가 투자를 위한 재원 필요 등

》 영업 활동 현금흐름이 좋지 않은 상황에서 대출이 증가한다는 것은 번 돈으로 빚을 상환할 수 없다는 의미이므로 부정적인 신호입니다. 다만 회사의 미래를 위한 투자를 위해 일시적으로 대출을 받는다는 것은 긍정적인 것으로 받아들일 수 있습니다.

재무 활동 현금흐름 (−) ⇒ 돈을 갚는다(배당 지급)

현상의 원인 상환 기한 도래로 대출 상환, 여유 현금으로 배당 지급, 자기주식 매입 등

》 일반적으로 재무구조가 건전하거나 주주 이익 보호에 힘쓰는 회사입니다. 다만, 남는 자금을 다른 투자를 위해 사용하지 않는다는 점에서 향후 회사의 성장이 둔화될 수도 있다는 점을 고려해야 합니다.

현금흐름표 말하기 비법 활용하기

❶ 안정기 우량회사

앞에서 배운 방법대로 부호를 사용하여 삼성전자의 현금흐름표를 다시 그려 보겠습니다. 숫자는 세기, 영향도를 의미하는 것이므로 굳이 적을 필요는 없습니다. 얼마나 센지, 얼마나 영향이 있는지 느낌만 확인하면 됩니다.

영업 활동 현금흐름	투자 활동 현금흐름	재무 활동 현금흐름	합계
+	-	-	-, +

벌어서(영업 활동) 투자하고(투자 활동) 갚는(재무 활동) 형세입니다. 우량회사의 전형적인 현금흐름표입니다. 앞에서 살펴본 삼성전자의 현금흐름표가 이러한 모양새입니다. 삼성전자의 경우 합계는 (-)로 표시되어 있는데, 그 금액은 0.2조 원이고, 0.2조 원이 감소한 뒤 회사의 현금잔액은 30조 원이 넘습니다. 즉 0.2조 원이라는 현금 감소의 중요도가 회사 입장에서는 별로 중요하지 않다고 볼 수 있습니다. 따라서 회사는 영업 활동에서 현금을 충분히 벌어서 투자 활동과 재무 활동에 그 현금을 적당히 나누어 쓰고 있음을 알 수 있습니다.

위에서 현금흐름 합계가 (+)라면 그야말로 초우량회사라고 볼 수 있습니다. 벌어서 투자하고 갚고 있는데도 현금이 남는다는 뜻이니까요.

❷ 성장기 회사

앞의 현금흐름표에서 재무 활동 현금흐름만 (+)로 바뀌는 경우를 생각해 봅시다.

영업 활동 현금흐름	투자 활동 현금흐름	재무 활동 현금흐름	합계
+	-	+	-, +

벌고(영업 활동), 빌려서(재무 활동), 투자(투자 활동)하는 형세입니다. 돈을 빌려서 투자를 하고 있으니 부동산이나 주식에 매우 공격적인 투자를 하고 있다는 것을 알 수 있습니다. 보통 성장기에 있는 회사들의 현금흐름표가 이런 모습을 보입니다. 이 경우, 공격적인 투자에 따른 위험도가 얼마나 될지에 대해 주의할 필요가 있습니다.

❸ 침체기 회사 또는 구조조정 중인 회사

투자 활동 현금흐름은 (+), 재무 활동 현금흐름이 (−)인 경우를 살펴보겠습니다.

영업 활동 현금흐름	투자 활동 현금흐름	재무 활동 현금흐름	합계
+	+	−	−, +

벌고(영업 활동), 팔아서(투자 활동), 돈을 갚는(재무 활동) 형세입니다. 다행히 돈을 벌고 있기는 하지만, 회사가 가진 자산을 팔아서 빚을 갚고 있습니다. 침체기의 회사에서 종종 보이는 현금흐름표입니다. 자산 매각이라는 구조조정을 하고 있으므로 회사의 체질이 개선된 후의 긍정적인 결과를 기대해 볼 수도 있습니다.

❹ 도산 직전의 위험한 회사 또는 사업 초기 회사

영업 활동 현금흐름이 (−)라면 그 회사에 대해서는 관심을 가질 필요가 없습니다. 사업 초기 어쩔 수 없이 영업 활동 현금흐름이 나오지 않는 경우를 제외하면 말이지요.

영업 활동 현금흐름	투자 활동 현금흐름	재무 활동 현금흐름	합계
−	−	+	−, +

빌려서(재무 활동) 적자(영업 활동)를 메우는 형세입니다. 설립한 지 얼마

되지 않은 회사라면 이와 같은 현금흐름표를 가질 수 있습니다. 그러나 사업을 시작한 지 꽤 오랜 시간이 흘렀는데도 이와 같은 현금흐름이라면 언제 망해도 이상하지 않은 회사입니다. 사업을 하는 족족 적자요(영업 활동), 팔 자산도 없고(투자 활동), 빚만 쌓여가는(재무 활동) 형국이니 말입니다. 회사의 도산 위험에 대한 깊은 고민이 필요합니다.

회계 읽기에서 살펴본 주식회사 동양의 현금흐름표를 다시 살펴보겠습니다.

▼ (주)동양의 현금흐름표

영업 활동 현금흐름	투자 활동 현금흐름	재무 활동 현금흐름	합계
−	−	+	−

사업 초기의 회사도 아니면서 (−), (−), (+)의 현금흐름을 보이고 있습니다. 특히, 자세히 들여다보면 영업 활동으로 인한 현금 유출액이 977억 원인 것도 문제인데, 재무 활동으로 인한 현금 증가액이 2,182억 원으로 너무 큽니다(강도가 셈). 사업을 하면 할수록 손해이고, 빌린 돈으로 빚을 갚아 나가고 있는 그야말로 도산 직전의 형국입니다. 실제로 이 회사는 얼마 지나지 않아 법정관리에 들어가게 됩니다.

잠깐만요 이 회사, 살아날 수 있을까? **법정관리**

회사가 빚을 갚지 못해 부도 위기에 처한 경우, 그 회사를 살리기 위해 법원에서 지정한 제3자가 회사의 자금, 경영 활동을 관리하는 제도를 법정관리라고 합니다. 법정관리는 법원에 신청하여 승인을 받은 경우에 진행할 수 있는데, 직접 당사자인 회사, 회사 채권의 상당 부분을 가진 채권자 또는 회사 지분을 상당 부분 소유한 주주가 신청할 수 있습니다. 법정관리가 진행되는 경우, 채권자는 단기적으로 본인의 권리나 이익을 포기해야 합니다. 채권의 일부를 포기하겠다는 서류에 서명을 해야 할 수도 있습니다. 그럼에도 불구하고, 회사가 살아날 가능성이 있다면 그래도 살리는 것이 채권자의 이익, 주주의 이익, 근로자의 이익, 나아가 국가 경제 전반적으로 유리할 수 있습니다. 그래서 법원은 법정관리 신청이 있을 때, 회사가 살아날 가능성이 있는지 여부를 검토하여 법정관리 승인 여부를 결정합니다.

⑤ 구조조정 초기 회사

다음과 같이 투자 활동 현금흐름만 (+)인 경우도 있습니다.

영업 활동 현금흐름	투자 활동 현금흐름	재무 활동 현금흐름	합계
−	+	−	−, +

사업에서는 손해를 보고 있지만, 회사의 자산을 팔아서(투자 활동) 빚을 갚고(재무 활동), 손해를 메우는(영업 활동) 형세입니다. 구조조정을 진행하고 있다고 볼 수 있습니다. 구조조정이 성공적으로 끝난다면 영업 활동 현금흐름이 (+)로 돌아서면서 차츰 안정을 찾게 되겠지만, 실패하는 경우, 결국 망할 수도 있습니다. 회사의 회생 의지와 구조조정 계획, 관련 업종의 사업성 등을 유심히 지켜보아야 합니다.

회계 말하기 계획 수립

현금흐름 부호에 따른 회사의 상황을 아래와 같이 정리해 보았습니다.

현금흐름 부호에 따른 회사의 상황

영업 활동	투자 활동	재무 활동	회사의 상황	회계 말하기 계획(중점 검토사항)
+	+	+	침체기·구조조정 후	미래 성장가능성, 추가 위험 유무
+	+	−	침체기·구조조정 후	미래 성장가능성, 추가 위험 유무
+	−	+	성장기	공격적인 투자로 인한 위험
+	−	−	안정기	미래 성장가능성
−	+	+	구조조정 초기	위험, 재활가능성
−	+	−	구조조정 초기	위험, 재활가능성
−	−	+	사업 초기·도산 직전	총체적 위험
−	−	−	사업 초기·도산	총체적 위험

위의 표를 외울 필요는 전혀 없습니다. 외우지 않더라도 시간을 두고 생각해 본다면 충분히 유추해 낼 수 있는 내용이니까요. 현금흐름표의

부호와 세기만 보아도 회사의 대략적인 상황을 파악할 수 있습니다. 이를 통해 향후 회계 말하기를 할 때 어떤 부분을 중점적으로 살펴보아야 하는지에 대한 계획을 세워 볼 수 있습니다. 예컨대 (−), (−), (+)의 현금흐름표를 가진 회사라면 사업 초기의 회사이거나 도산 직전의 회사일 것이므로 다음과 같이 회계 말하기의 방향을 잡을 수 있습니다.

(1) 우선 회사가 어떤 상황인지 파악하기
(2) 회사의 사업 내용 확인하기
(3) 부채 규모 및 회생 가능성 파악하기

본격적으로 현금흐름표 말하기

부호와 세기를 통해 회사에 대한 대략적인 파악이 끝났다면, 이제 본격적으로 현금흐름표를 들여다볼 차례입니다. 현금흐름표 부호로 살펴본 삼성전자는 매우 우량한 회사였습니다. 이 점을 염두에 두고 삼성전자의 현금흐름표를 있는 그대로 읽고 말해 보겠습니다(삼성전자의 2018년 연결현금흐름표는 142페이지에서 확인할 수 있습니다).

삼성전자의 영업 활동으로 인한 현금 유입은 67조 원, 투자 활동으로 인한 현금 유출은 52조 원, 재무 활동으로 인한 현금 유출은 15조 원입니다. 결과적으로 회사의 현금은 기초에 비해 2,000억 원 정도 감소한 상태입니다. 현금이 감소했다고 하여 나쁜 신호인가 하면 꼭 그렇지는 않습니다. 회사의 고유 영업 활동을 통해 벌어들이는 현금이 67조 원이나 되는 상황인데다, 전체 현금 감소액의 강도는 그다지 세지 않기 때문입니다. 현금이 감소하고도 기말 현금은 여전히 30조 원이 넘으니 말입니다. 아울러, 투자 활동과 재무 활동에 따른 현금흐름을 자세히 살펴보면 다음과 같습니다.

투자 활동 현금흐름

단기금융상품 감소 12조 원, 장기금융상품 취득 7.6조 원

언제든지 현금화시킬 수 있는 단기금융상품과 만기가 1년 이후에 도래하는 예금 등에 가입하기 위해 각각 12조 원과 7.6조 원의 현금을 썼다는 의미입니다. 실질적으로 현금을 써 버린 것이 아니라 남은 현금을 저축하느라 현금 유출이 있었던 것이니 전혀 나쁜 신호가 아닙니다.

유형자산 취득 29조 원, 무형자산 취득 1조 원 등

회사의 생산성을 향상시키기 위한 설비 투자가 거액으로 이루어진 것으로 생각할 수 있습니다. 회사의 수익성 향상을 기대해 볼 만한 현금 유출일 수 있습니다.

잠깐만요 단기금융상품과 장기금융상품

여유자금을 활용하기 위해 보유하는 정기예금이나 정기적금, CMA, 양도성예금증서(CD) 등이 금융상품입니다. 단순하게 우리가 은행에서 가입하는 여러 예금이나 적금 상품들을 의미한다고 이해해도 좋습니다. 단기금융상품이란 금융상품 중에서 단기간 운용할 목적으로 소유하거나 만기가 1년 이내에 도래하는 상품을 말합니다. 회계에서 '단기'란 1년을 의미하니까요. 반대로 장기금융상품은 장기간 운용할 목적으로 소유하거나 또는 만기가 1년 이후에 도래하는 금융상품입니다.

재무 활동 현금흐름

단기차입금 감소 2조 원, 사채 상환 1.9조 원

대출을 상환하느라 현금이 줄어든 것입니다. 영업 활동으로 인한 현금 유입액이 충분히 크니 대출을 상환하고도 자금이 남는 상황입니다.

배당 지급 10조 원

회사가 번 돈을 주주에게 나눠 주고 있는 것으로 이러한 현금 유출은 나쁜 신호라고 볼 수 없습니다.

영업 활동으로 인한 현금흐름이 충분한 데다 투자 활동이나 재무 활동으로 인한 현금흐름도 회사의 수익성을 증대시킬 방향으로 이루어지고 있는 것으로 보입니다. 하지만 오히려 대출 규모를 늘려서 공격적인 투자를 더 일으킬 수 있음에도 불구하고 너무 보수적인 재무구조를 유지하고 있는 것은 아닌지 생각해 볼 필요도 있습니다.

잠깐
만요

배당 지급

회사의 이익을 주주에게 분배하는 것을 배당이라고 합니다. 배당은 정관에서 정한 바에 따라 주주총회의 결의를 통해 이루어집니다. 회사가 현금을 많이 가지고 있다고 해서 그 현금을 모두 배당할 수 있는 것은 아닙니다. 상법에서는 회사가 배당할 수 있는 금액을 제한하고 있는데요, 그 한도 금액을 '배당가능이익'이라고 부릅니다. 배당가능이익은 공식적으로 다음과 같은 산식으로 계산합니다.

1. **재무상태표의 순자산액**
2. **자본에서 차감하는 금액**
    (1) 자본금의 액
    (2) 그 결산기까지 적립된 자본준비금과 이익준비금의 합
    (3) 그 결산기에 적립하여야 할 이익준비금의 액
    (4) 미실현이익

공식의 내용이 다소 어렵게 느껴질 수 있지만 그 의미는 사실 간단합니다.

1. **재무상태표의 순자산액**: 자산에서 부채를 빼고 남은 잔액이 순자산액입니다. 자본은 주주 몫의 돈으로, 주주가 투자한 돈(납입자본)과 회사가 벌어서 쌓아 놓은 돈(이익잉여금)으로 구성된다고 하였습니다. 일단 배당가능이익은 주주 몫에서 시작하여 계산합니다.

2. **자본에서 차감하는 금액**: 차감하는 금액의 면면을 살펴보면 결국 I) 납입자본(자본금의 액, 자본준비금)과 II) 상법에서 배당하지 못하도록 정해 놓은 금액(이익준비금) 등으로 구성되어 있습니다. 주주 몫에서 납입자본을 차감하는 것은 주주가 투자원금을 회수하는 것이 되니 당연히 배당에서 제외하는 것이고, 상법에서 배당하지 말라고 하는 돈은 어쩔 수 없이 배당가능이익에서 제외할 수밖에 없습니다.

결국 위의 공식은 회사가 벌어서 쌓아 놓은 이익(이익잉여금)에서 이익준비금을 뺀 만큼의 이익을 배당할 수 있다는 의미입니다.

어느 회사의 현금흐름표

다음은 C회사의 현금흐름표를 요약한 것입니다. 위에서 배운 순서에 따라 현금흐름표를 읽고 말해 봅시다.

▼ C회사의 현금흐름표 (단위: 억 원)

현금흐름표		
① 영업 활동으로 인한 현금 변동액		3,063
영업 활동으로 인한 현금 증가	3,063	
② 투자 활동으로 인한 현금 변동액		5,770
유형자산 처분	2,349	
투자주식 처분	765	
무형자산 처분	2,173	
대여금 증가 등	483	
③ 재무 활동으로 인한 현금 변동액		-7,679
차입금 상환	-10,607	
차입금 증가	4,343	
기타 활동	-1,415	
④ 현금 변동액(①+②+③)		1,154
⑤ 기초 현금		2,411
⑥ 환율변동 등		-330
⑦ 기말 현금(④+⑤+⑥)		3,235

＊ ＊ ＊

(1) 부호와 세기를 통해 현금흐름표 확인하기

부호와 세기를 통해 회사에 대한 대략적인 파악을 할 수 있습니다. 부호를 사용하여 위의 현금흐름표를 다시 그려 봅니다. 숫자 단위는 무시해도 좋습니다.

영업 활동 현금흐름	투자 활동 현금흐름	재무 활동 현금흐름	합계
+	+	−	+

벌고(영업 활동), 팔아서(투자 활동), 돈을 갚는(재무 활동) 형국입니다. 앞에서 (+), (+), (−)의 부호는 침체기의 회사에서 종종 보이는 현금흐름표라고 배웠습니다. 이 회사는 현재 구조조정을 하고 있는 상황일 수도 있습니다. 침체기, 구조조정이리니! 직관적으로 '좋은 상황은 아니다', '검토해야 할 것이 많겠다'라는 생각을 떠올릴 수 있다면 훌륭합니다. 회사에 대한 감을 잡은 후, 정확히 어떤 상황인지 확인해 보기 위해 현금흐름표의 세부 내용을 자세히 뜯어보겠습니다.

(2) 본격적으로 현금흐름표 말하기

① 영업 활동에서 벌어들이는 현금이 3,063억 원인데, 투자 활동으로 증가한 현금이 5,770억 원, 재무 활동으로 감소한 현금이 7,679억 원입니다. 기말 현금잔액은 3,235억 원으로 전기보다 1,154억 원 증가했지만, 회사가 영업을 해서 번 돈보다 대출을 갚는 돈의 규모가 훨씬 큰 상황입니다.

② 설립 초기의 회사가 아니라면 영업으로 번 돈의 범위 내에서 자산 투자를 하거나 부채를 상환하는 것이 정상적입니다. 이 회사의 경우, 재무 활동으로 인한 현금 감소액의 영향도가 매우 큰 비정상적인 상황으로 볼 수 있습니다.

③ 회사는 유형자산(2,349억 원)과 무형자산(2,173억 원) 등의 매각을 통해 현금을 확보했습니다. 이 돈으로 빚을 상환(약 1조 607억 원)하는 데 일부 보탠 것으로 보입니다. 그러나 여전히 추가 차입(4,343억 원)을 일으킨 것으로 보아 회사의 자금 사정은 나쁜 것으로 보입니다.

④ 적극적인 구조조정을 통해 유동성을 개선시켜 나가고 있는 모습입니다. 향후 영업 활동 현금흐름도 꾸준히 발생하고, 추가로 매각할 자산이 있다면 유동성 위기를 극복하고 회사가 정상화될 가능성도 조금은 있어 보입니다.

여기까지 확인을 했다면 뉴스나 공시 내용을 확인해 보는 것이 좋습니다. 구조조정이든 법정관리든 회생이든 회사가 현재 처한 상황에 관한 정보를 접할 수 있을 것이고, 이것은 다른 재무제표를 읽고 말하는 데 매우 큰 팁이 될 것입니다.

뒷이야기 위의 현금흐름표는 한진해운의 2016년 어느 분기의 현금흐름표입니다. 2016년까지 구조조정 등의 노력을 통해 기사회생을 꿈꾸던 회사는 누적된 적자와 막대한 규모의 차입금으로 인해 결국 2017년 파산했습니다.

29

재무상태표 말하기

회사의 재무 상황 파악하기

현금흐름표를 통해 회사에 대한 감을 잡았으면 이제 재무상태표 말하기를 시작할 때입니다. 각각의 재무제표마다 유용하게 활용할 수 있는 재무비율이 있으니 해당 재무비율에서 회계를 말하는 팁을 얻도록 합시다. 미리 일러두자면, 재무상태표 말하기에서 활용할 수 있는 재무비율은 유동비율, 부채비율, 자기자본비율 등입니다.

재무상태표는 일정 시점 현재 회사가 자금은 어떻게 마련했는지(자금 조달, 부채와 자본), 그렇게 마련한 자금으로 어떤 재산을 구입하여 사용하고 있는지(자산 구성, 자산)를 보여 주는 재무제표라고 하였습니다. 따라서 재무상태표를 통해 회사의 자금 조달 및 자산 구성 상태, 즉 회사의 일반적인 상황을 파악할 수 있습니다. 회계 읽기에서 살펴본 내용이지요. 더 나아가 회사가 단기 현금 동원 능력이 어떠한지, 재무구조가 건전한지도 알아낼 수 있습니다.

어느 정도 회계 언어에 대한 지식과 경험이 축적되면 슬슬 재무제표의 다른 정보를 분석하고, 알고 있는 지식을 회계 언어에 접목시킬 수 있는 경지에 이를 수 있습니다. 지금 당장 그런 수준이 아니어도 상관없습니다. 그렇게 어려운 것은 아니니 쉬운 것부터 차근차근 해 보면 도움이 될 것입니다.

26장에서 회계 읽기를 통해 삼성전자의 자금 조달 상황과 자금 운용 현황을 파악했습니다. 아울러 다음과 같은 이상한 항목들도 확인할 수 있었습니다.

현금 30조 원, 단기금융상품 66조 원, 매출채권 34조 원, 재고자산 29조 원, 유형자산 115조 원, 매입채무 8.4조 원

| 이상한 항목 (1) |

현금과 단기금융상품

당장 사용할 수 있는 현금이 30조가 넘는다는 사실이 눈에 띕니다. 그 금액도 금액이지만 전체 자산 339조 원 중 현금이 차지하는 비중이 9%나 됩니다. 이게 무엇을 의미할까요? 이럴 때 필요한 것은 회사와 그 산업에 대한 이해, 한국 경제와 세계 경제에 대한 이해와 같은 것들입니다.

경기에 따라 회사의 실적이 많이 좌우되는 회사들은 불황이 닥친 경우를 대비하여 단시간에 현금화가 가능한 유동자산을 일정 수준 이상으로 유지하려는 모습을 보입니다. 단기에 채무 상환 능력이 좋아야 뜻하지 않은 부도를 막을 수 있기 때문입니다.

삼성전자는 휴대폰과 반도체, 가전제품 등을 제조하는 회사이고, 사람들은 불황이 왔을 때나 가계가 어려워지면 휴대폰이나 가전제품들의 구매를 가장 먼저 미루게 되지요. 이런 수요 변화에 대응하고 다시 고객들의 구매 시기가 도래할 때까지 버티기 위해 회사는 현금을 많이 비축해 두고 싶어 합니다. 그런 산업적 특성으로 인해 회사가 현금을

30조 원이나 보유하고 있는 것은 아닌지 추측해 볼 수 있습니다.

지금은 이러한 분석 결과가 사실인지 아닌지는 중요하지 않습니다. 이렇게 회계 언어를 통해 회계 언어 밖의 세상으로 생각을 확장시키는 것이 중요합니다. 삼성전자가 무슨 사유로 현금 보유 정책을 쓰고 있는지 여부는 신문기사나 다른 보고서 등을 통해 확인해 보면 될 일입니다.

| 이상한 항목 (2) |

유형자산

삼성전자의 재무상태표에서 유난히 이상한 항목은 유형자산입니다. 유형자산 금액이 115조 원이나 되다니, 우선 그 금액이 너무 커서 눈에 띕니다. 전체 자산(339조 원) 중 유형자산이 차지하는 비중(34%)도 꽤 큽니다. 유형자산 규모가 큰 회사들은 보통 자동차, 철강, 전자제품 등의 제조업, 중공업회사 등입니다. 이런 회사들이 제조를 위한 설비 투자를 많이 하다 보니 그렇습니다. 막대한 유형자산 규모는 다른 회사들

잠깐만요 산업별로 규모 차이가 큰 **유형자산**

유형자산은 눈에 보이는 형태가 있는 자산입니다. 회계 언어에서 유형자산은 회사가 영업상 사용할 목적으로 보유하는 물리적 형태가 있는 자산으로 한 회계기간(보통 1년)을 초과하여 사용할 것이 예상되는 자산으로 정의합니다. 토지, 건물, 기계, 자동차, 비품 등과 같이 눈에 보이는 형태[有形]가 있고, 1년 넘게 사용할 수 있는 자산이면 유형자산이라고 이해하면 됩니다. 제조업을 영위하는 회사들은 공장시설을 보유하고 있으므로 유형자산 규모가 큽니다. 선박이나 항공기를 보유하고 있는 해운업이나 항공사도 마찬가지입니다. 반대로 광고회사, 게임회사, 회계법인이나 법무법인처럼 사람이 재산인 회사들의 경우, 유형자산 금액이 상대적으로 적습니다.

로 하여금 손쉽게 제조업 등의 산업에 뛰어들지 못하게 하는 진입 장벽의 역할도 합니다. 이렇게 유형자산 규모를 통해 회사의 업종을 추정해 볼 수도 있습니다. 반대로 제조회사인데 유형자산 규모가 상대적으로 작다면 뭔가 이상하다는 생각을 해 봐야겠지요.

유동성 확인하기

재무상태표 말하기에서 가장 먼저 확인해야 할 것은 회사의 유동성입니다. 유동성은 단기 현금 동원 능력을 뜻합니다. 현금흐름표에서 위험한 상황을 포착한 상황이라면 특히 더 유의해서 유동성을 파악해 보아야 합니다.

❶ 재무상태표 보고 바로 확인하기

회사가 빚을 제때 갚지 못하면 채무불이행 상태에 빠지게 됩니다. 만기가 장기간 후에 도래하는 부채야 벌어서 갚으면 되지만 당장 만기가 1년 이내에 도래하는 유동부채를 갚지 못하면 회사는 바로 부도가 날 수 있습니다. 따라서 채권자들은 빠른 시간 내에 회사가 현금을 얼마나 동원할 수 있는지, 단기간 빚을 갚을 수 있는 능력은 어떤지를 확인하려고 합니다. 혹시라도 회사가 망해서 빌려준 돈을 회수하지 못하면 큰일이니 말입니다.

- 유동성: 단기 채무 지급 능력, 단기 현금 동원 능력

재무상태표를 통해 회사의 단기 현금 동원 능력은 얼마나 되는지, 단기에 회사가 빚을 갚을 능력이 충분한지 확인할 수 있습니다. 앞서 배웠던 유동과 비유동의 개념을 활용할 때입니다.

삼성전자(180쪽 재무상태표 참고)의 유동자산은 175조 원, 유동부채는 69조 원입니다. 1년 이내에 만기가 도래하는 부채는 69조 원인데 반해, 1년 이내 현금화가 가능한 자산은 175조 원이라는 의미입니다. 유동자산이 유동부채보다 약 2.5배 이상 많으니, 1년 이내에 만기가 도래하는 빚을 갚고도 현금이 그보다 1.5배나 남습니다. 대충 보더라도 이 회사가 1년 내에 빚을 갚지 못해 망할 것 같지는 않아 보입니다. 유동성에 큰 문제는 없다고 판단할 수 있겠습니다.

❷ 유동비율에서 힌트 얻기

재무상태표를 말할 때 유동성 분석을 곧바로 떠올리지 못해도 괜찮습니다. 오히려 떠올리지 못하는 게 정상입니다. 필요하면 27장의 회계 말하기 체크리스트를 꺼내 보고 순서대로 확인해 보면 됩니다.

유동성에 관한 재무비율의 대표선수는 바로 '유동비율'입니다. 유동비율은 유동자산을 유동부채로 나눈 비율로, 회사의 단기적인 지급 능력을 알려 줍니다. 유동부채를 갚기 위해 현금화할 수 있는 유동자산이 얼마나 되는지를 알 수 있습니다. 일반적으로 유동비율이 130% 이상이면 단기채무 변제 능력이 양호하다고 평가할 수 있습니다.

재무상태표에서 읽을 수 있는 정보로 삼성전자의 유동비율을 계산해 보면 254%가 됩니다.

재무비율	공식	삼성전자 재무비율
유동비율	유동자산 ÷ 유동부채 × 100	175조 ÷ 69조 × 100 = 254%

유동비율이 254%라는 것은 회사의 유동자산이 유동부채의 2.54배만큼 많다는 뜻입니다. 일반적인 기준인 130%보다도 월등히 높은 유동비율을 가진 회사이니, 그만큼 유동성이 양호하다고 판단할 수 있습니다.

재무상태표의 숫자를 직접 보고 분석을 하는 것이나, 유동비율이 의미하는 바를 확인하는 것이나 그 분석의 과정과 결과는 모두 같습니다. 유동비율을 통해 우리가 얻어가야 할 것은 다음과 같습니다.

> ▶ 유동비율이 무엇인지는 몰라도 재무상태표를 보면 유동성을 체크해야 한다는 힌트 얻기
> ▶ 유동비율의 공식이 무슨 의미를 갖는지 그 내용을 생각해 보고, 유동성 체크하기

안정성 확인하기

재무상태표에서 두 번째로 체크해야 할 것은 안정성입니다. 안정성은 회사 재무구조의 건전성을 의미합니다. 즉, 회사가 부담할 수 있는 범위 내에서 부채를 적정하게 사용하고 있는지, 회사가 장기적으로 부채와 이자를 잘 갚아 나갈 수 있는지를 판단하는 지표입니다.

> • 안정성: 재무구조의 건전성, 부채 의존도, 자본배분(타인자본과 자기자본)의 안전성

① 부채비율에서 힌트 얻기

부채비율은 부채를 자기자본*으로 나눈 비율입니다. 이 공식이 의미하는 것은 부채를 자기자본으로 얼마만큼 커버할 수 있는가 하는 것입니다. 부채가 주주 몫인 자본보다 더 큰 경우(부채비율이 100%보다 컸을 때)에는 최악의 상황에서 회사가 주주 몫을 다 투입하더라도 부채를 갚지 못할 가능성이 있습니다. 즉, 부채가 자본보다 크면 클수록 회사가 빚을 갚지 못할 가능성이 커집니다. 부채비율이 클수록 회사가 빚을 갚지 못할 위험이 커진다는 의미입니다.

삼성전자의 부채는 91조 원, 자본은 248조 원입니다. 부채 91조 원을 갚고도 자본이 157조 원이나 남는군요. 언뜻 봐도 회사의 재무구조가

건전하다고 판단할 수 있겠습니다.

삼성전자의 부채비율은 37%입니다. 자본의 37%만 사용하면 모든 부채를 갚을 수 있다는 뜻입니다. 실무적으로 부채비율이 100% 이하이면 재무구조가 건전하다고 판단합니다. 따라서 부채비율이 37% 수준인 회사는 재무적으로 안전하다고 해석할 수 있습니다.

재무비율	공식	삼성전자 재무비율
부채비율	부채÷자기자본×100	91조÷248조×100＝37%

❷ 자기자본비율에서 힌트 얻기

자기자본비율은 총자본에서 자기자본이 차지하는 비중이 얼마인지를 보여 줍니다. 자기자본비율이 높다는 것은 이자비용과 같은 추가적인 비용 부담 없이 운용할 수 있는 자금인 자기자본이 많고, 그만큼 부채가 적다는 의미입니다. 이 수치가 높을수록 회사의 안정성이 높고 건전한 재무구조를 가졌다고 볼 수 있습니다. 한편, 부채비율이 100%라는 것은 부채와 자본의 비율이 1:1이라는 의미이므로, 자기자본비율이 50%가 됩니다.

삼성전자의 총자본(자산)은 339조 원, 자본은 248조 원입니다. 전체 자산 339조 원 중 이자비용을 부담하지 않는 자본, 즉 주주 몫이 248조 원이나 됩니다. 자산의 대부분(73%)을 주주로부터 조달하고, 큰 부채 없이 회사 운영이 이루어지고 있음을 알 수 있습니다.

삼성전자의 자기자본비율은 73%입니다. 일반적으로 자기자본비율이 50% 이상이면 재무구조가 건전하다고 해석하므로 삼성전자는 건전한 재무 체질을 가졌다고 볼 수 있습니다.

재무비율	공식	삼성전자 재무비율
자기자본비율	자기자본÷총자본×100	248조÷339조×100＝73%

다만 부채는 적정하게 사용하는 것이 중요합니다. 주주 입장에서는 회사가 돈을 빌려서라도 공격적인 투자를 하여 더 많은 이익을 창출하기를 원할 수 있습니다. 이자를 부담하고, 부채를 상환할 여력만 된다면 빚테크가 가능하니까요. 따라서 부채비율이 낮거나 자기자본비율이 높다고 무조건 좋은 것도 아니고 반대 상황에서 무조건 나쁜 것도 아님을 기억해야 합니다. 물론 돈을 빌려주어야 할 은행 입장에서야 무조건 회사의 재무구조가 건전한 기업에만 돈을 빌려주고 싶겠지만, 주주 입장은 그와 다르다는 것이지요. 그래서 주주의 요구도 만족시키고, 채권자도 안심시킬 수 있는 적정한 수준의 안정성을 유지하는 것이 매우 중요합니다.

또한, 유동성이나 안정성이 좋지 않은 회사라고 하여 반드시 부도와 같은 나쁜 결과로 이어지는 것은 아닙니다. 비용을 줄이고 자산을 매각하여 유동성을 확보하고, 채권단과의 원만한 협의를 통해 채무 상환 기일을 연장하는 등 다양한 자구책을 통해 위기를 극복하는 회사들도 많습니다. 그러므로 회계 말하기를 할 때에는 재무제표뿐만 아니라 뉴스나 공시자료, 기타 분석자료 등을 통해 경영진의 의지, 채권단과의 관계, 회생 전략의 실현 가능성 등을 확인해야 합니다.

재무상태표 말하기 기준표

재무상태표 말하기		재무비율	재무비율 공식	표준비율*
유동성 확인하기	단기채무 지급 능력	유동비율	유동자산÷유동부채×100	130%
안정성 확인하기	재무구조의 건전성	부채비율	부채÷자기자본×100	100%
		자기자본 비율	자기자본÷총자본×100	50%

어느 회사의 재무상태표(1)

다음은 C회사의 재무상태표를 요약한 것입니다. 위에서 배운 순서에 따라 차근차근 재무상태표 말하기 연습을 해 봅시다.

▼ C회사의 재무상태표 (단위: 억 원)

① 회사의 재산(자산)		② 채권자 몫(부채)	
		유동부채	43,139
유동자산	36,581	비유동부채	2,100
		소계	45,239
		③ 주주 몫(자본)	
		납입자본	14,538
비유동자산	18,620	이익잉여금	-1,978
		기타	-2,598
		소계	9,962
총계	55,201	총계	55,201

* * *

(1) 자본구조 확인하기

회사의 부채는 약 4.5조 원, 자본은 9,900억 원, 자산은 5.5조 원입니다. 이익잉여금이 (-)1,980억 원, 즉 이월결손금 1,980억 원이 발생하여 현재 자본을 잠식하고 있는 상태입니다.

(2) 이상한 자산, 부채, 자본 항목 확인하기

눈에 띄는 재무상태표 항목을 찾아보면 뭐니 뭐니 해도 이월결손금 1,980억 원으로 자본잠식이 일어나고 있다는 점입니다. 유동부채는 4.3조 원으로 자산이 5.5조 원, 유동자산이 3.6조 원인 것을 감안하면 유동부채 규모가 커 보입니다.

자본잠식과 상장 폐지

회사의 자본은 납입자본과 이익잉여금으로 구성됩니다. 회사의 적자가 계속되는 경우에는 손실이 쌓이게 되는데요, 이것을 이월결손금이라고 합니다. 이월결손금이 있는 상황에서는 자본이 납입자본보다 적어집니다. 이때의 자본은 납입자본금과 이월결손금의 합계금액으로 계산되기 때문입니다. 이렇게 회사의 손실이 주주가 납입한 돈을 야금야금 까먹는(잠식) 것을 '자본잠식'이라고 합니다. 아직은 납입자본이 결손금의 절댓값보다는 큰 상황을 특히 '부분자본잠식'이라고 부릅니다. 회사의 손실이 주주가 투자한 돈을 까먹는 상황에 이르렀지만 그래도 납입자본을 다 까먹지는 않은 상태입니다. 부분자본잠식 상태에서 자본 금액은 아직 (+) 상태입니다. 결손금이 납입자본을 모두 잠식하여 결국 자본 금액이 (−)가 되는 경우, 이 상태는 '완전자본잠식'이라고 부릅니다.

- 부분자본잠식: 납입자본 〉 결손금의 절댓값, 자본 〉 0
- 완전자본잠식: 납입자본 〈 결손금의 절댓값, 자본 〈 0

유가증권시장에 상장된 회사가 최근 사업연도 자본금이 전액 잠식되었거나 또는 2년 연속 자본금의 50% 이상 잠식된 경우에는 유가증권시장에서 퇴출(상장 폐지)됩니다.

(3) 유동성 확인하기(단기채무 지급 능력)

→ 유동자산 3.6조 원 〈 유동부채 4.3조 원

1년 내에 만기가 도래하는 부채는 4.3조 원, 1년 이내 현금화가 가능한 자산은 3.6조 원입니다. 유동부채가 유동자산보다 많은 상황으로 1년 이내 빚을 갚지 못해 채무불이행 상태에 빠질 가능성이 높아 보입니다. 유동비율을 통해 유동성을 확인해 봐도 마찬가지입니다. 유동비율은 84%(유동자산÷유동부채×100)로 계산됩니다. 유동자산이 유동부채 규모의 84% 수준에 불과하다는 의미이지요. 유동비율의 표준이 130% 이상인 것을 고려하면 회사의 유동성에 문제가 있음을 알 수 있습니다.

(4) 안정성 확인하기(재무구조의 건전성, 부채의존도)

→ 부채 4.5조 원 〉 자기자본 9,900억 원

회사의 부채비율(부채÷자기자본×100)은 454%로 계산됩니다. 자기자본보다 부채가 4.5배 이상 많다는 것인데, 주주가 투자한 금액의 4.5배 이상이 있어야 부채를 모두 갚을 수 있다는 뜻입니다. 보통 부채비율이 100% 이하인 경우에 재무구조가 건전하다고 판단하므로 이 회사의 재무구조는 위험하다고 볼 수 있겠네요. 부채에 대한 의존도가 너무 높습니다.

회사의 유동성과 안전성에 심각한 문제가 있음을 확인할 수 있습니다. 부채 상환을 위한 회사의 노력이 요구되는 상황으로 최악의 경우, 채무불이행으로 인해 부도 처리될 가능성이 높아 보입니다. 따라서 회사와 관련된 의사결정을 할 때에는 많은 주의가 필요합니다. 재무제표 이외의 다른 정보를 통해 회사가 이러한 위험 요인을 감소시키기 위해 무엇을 하고 있는지 파악할 필요가 있습니다.

뒷이야기 위의 재무상태표는 삼성엔지니어링의 2016년 재무상태표입니다. 이 회사는 2015년 완전자본잠식 상태에 빠졌으나, 2016년 1조 원이 넘는 규모의 유상증자를 실시하여 현금을 조달한 후, 2017년 자본잠식 상태에서 벗어났습니다. 당시 뉴스를 통해 유상증자와 사옥 매각, 전 직원 무급 순환휴직과 임원 급여 반납 등 위기를 극복하고자 하는 회사의 노력을 엿볼 수 있습니다.

어느 회사의 재무상태표(2)

역시 자본잠식 상태에 있는 D회사의 요약 재무상태표입니다. 재무상태표 말하기를 통해 회사의 현재 재무상태가 어떠한지 판단해 봅시다. 참고로 D회사의 재무상태표에는 지금까지 살펴본 기본 재무상태표에는 없었던 항목들(현금, 매출채권, 관계기업투자, 단기차입금 등)이 담겨 있습니다. 때문에 다소 어렵게 느껴질 수도 있습니다. 그러나 회계 읽기와 말하기의 기본이 달라지는 것은 아닙니다. 앞에서 배운 내용을 토대로 많은 정보들 사이에서 필요한 내용만 찾아서 활용하는 연습을 해 봅시다.

▼ D회사의 재무상태표 (단위: 억 원)

① 회사의 재산(자산)		② 채권자 몫(부채)	
유동자산	14,842	**유동부채**	66,009
현금	3,235	매입채무	20,285
매출채권	10,345	단기차입금	45,567
재고자산	620	기타유동부채	157
기타유동자산	642	**비유동부채**	964
		장기차입금	104
비유동자산	28,590	기타비유동부채	860
장기매출채권	2,496	소계	66,973
관계기업투자	640	③ 주주 몫(자본)	
유형자산	24,850		
무형자산	51	납입자본	29,834
기타	553	이익잉여금(결손금)	-58,713
		기타	5,338
		소계	-23,541
총계	43,432	총계	43,432

※ 추가정보: 전기 유형자산은 5.7조 원, 당기 유형자산은 2.5조 원

* * *

(1) 자본구조 확인하기

회사의 부채는 6.6조 원, 자본은 (-)2.4조 원으로 완전자본잠식 상태(자본이 0보다 작은 상태)입니다. 회사의 자산은 4.3조 원입니다.

(2) 이상한 자산, 부채, 자본 항목 확인하기

회사의 주요 재무상태표 항목, 즉 이상한 항목을 확인합니다. 큰 숫자는 이상한 항목으로 간주합니다.

→ 이익잉여금 (-)5.9조 원, 단기차입금 4.6조 원, 유형자산 2.5조 원(전기 5.7조 원이었음), 매출채권 1조 원, 현금 3,200억 원, 장기차입금 104억 원

① 재무상태표에서 가장 이상한 것은 이익잉여금이 (-)5.9조 원, 즉 이월결손금이 납입자본인 3조 원보다도 더 크다는 것입니다. 정상적인 회사라면 당연히 (+)여야 하는 항목이 (-)이니 이상합니다. 게다가 적자가 누적되어 납입자본을 다 까먹었을 정도(완전자본잠식 상태)이니 회사의 자금 상황이 정상적일 리 없습니다. 회사는 부족한 자금을 4.6조 원의 단기차입을 통해 충당하고 있는 것으로 보입니다.

② 의외인 것은 장기차입금은 104억 원으로 단기차입금에 비해 그 규모가 작은 편이라는 것입니다. 회사의 미래가 안정적이지 못하여 은행이 장기대출을 꺼리고 있는 상황일 수도 있습니다.

③ 유형자산이 전기 5.7조 원에서 2.5조 원으로 감소한 것을 보면, 유형자산을 매각하여 장기차입금을 갚았을 것으로 추측해 볼 수 있습니다.

(3) 유동성 확인하기(단기채무 지급 능력)

이상한 항목을 개별적으로 확인해 보았다면 이제 재무상태표의 주요 체크리스트인 유동성을 확인해 봅니다. 이미 개별 항목에서 단기차입금 4.6조 원의 존재를 확인한 바 있으니, 회사의 유동성이 좋을 것으로는 기대되지 않는 상황입니다.

→ 유동자산 1.5조 원 〈 유동부채 6.6조 원

1년 내에 만기가 도래하는 부채가 6.6조 원인데 1년 이내 현금화가 가능한 자산은 1.5조 원밖에 되지 않는 상황입니다. 유동부채가 유동자산보다 4배 이상 많으므로 1년 이내 빚을 갚지 못해 채무불이행 상태에 빠질 가능성이 매우 높아 보입니다.

유동비율은 22%(유동자산÷유동부채×100)로 계산됩니다. 유동자산이 유동부채 규모의 22% 수준에 불과하다는 의미이지요. 유동비율의 표준이 130% 이상인 것을 감안하면 회사의 채무 지급 능력에 심각한 문제가 있다는 것을 알 수 있습니다.

(4) 안정성 확인하기(재무구조의 건전성, 부채의존도)

→ 부채 6.7조 원 > 자기자본 (−)2.4조 원

→ 자기자본 (−)2.4조 원 < 총자본(자산) 4.3조 원

자기자본으로 부채를 얼마나 부담할 수 있는지를 확인하거나, 총자본(자산)에서 자기자본으로 조달한 금액이 얼마나 되는지를 통해 재무구조의 건전성을 파악할 수 있습니다. 회사는 완전자본잠식 상태인 상황으로 자기자본으로는 부채를 전혀 부담할 수 없는 상태입니다. 또한 회사의 자산은 전액 부채를 조달하여 구입한 형국으로 재무적으로 위험한 상황입니다.

뒷이야기 위의 재무상태표는 한진해운의 2016년 어느 분기의 재무상태표입니다. 앞에서 살펴보았듯 한진해운은 누적된 적자, 높은 부채 의존도, 유동성 위기 등으로 인해 2017년 파산하였습니다. 이러한 위기는 2016년의 재무상태표에서 유동성과 안정성을 확인함으로써 감지가 가능했습니다.

* * *

C회사와 D회사의 미래

재무상태표에 따르면 두 회사는 모두 자본잠식 상태였습니다. 그런데 회사들의 미래는 완전히 달라졌습니다. C회사는 자산 매각, 유상증자 등의 노력을 통해 기사회생을 했고, D회사는 결국 파산하였습니다.

재무제표만 가지고는 회사의 미래를 예측할 수 없습니다. 재무제표는 과거의 거래를 기록한 문서이니까요. 그래서 회계 말하기를 통해 회사의 미래를 예측하기 위해서는 재무제표 이외의 다른 정보를 확인해야 합니다. 각종 기사와 공시자료, 정부 정책 등 재무제표 이외의 다양한 정보를 함께 활용할 때 비로소 회계 언어가 진가를 발휘할 수 있습니다.

손익계산서 말하기

수익성 확인하기

손익계산서는 회사가 얼마나 벌어서 쓰고, 결과적으로 얼마나 남겼는지를 알려 주는 회사의 성적표입니다. 따라서 손익계산서를 통해 회사가 얼마나 벌었는지 회사의 성과를 확인할 수 있습니다. 수익성은 바로 회사의 경영 성과를 의미합니다.

• 수익성: 회사의 경영 성과

삼성전자의 매출액은 244조 원, 영업이익은 59조 원, 당기순이익은 44조 원입니다. 숫자로 보면 이익을 남겼다는 것은 알겠는데, 어느 정도로 영업을 잘했다는 것인지 그 성과가 눈에 바로 들어오지는 않습니다. 이럴 때 유용한 것이 바로 '나누기'입니다. 손익계산서를 말할 때 등장하는 재무비율은 그렇게 어렵지도 않고, 오히려 회사의 영업성과를 명확하게 확인시켜 주니 적극적으로 활용해 봅시다.

수익성과 관련된 대표적인 재무비율은 매출액이익률입니다. 매출액이익률은 매출에서 얼마만큼의 이익을 얻었는지를 보여 주는 재무비율입니다. 구체적으로는 영업이익, 당기순이익과 같은 이익을 매출액으로 나눈 식(매출액이익률=이익÷매출액)으로 계산하고, 분자에 들어가는 이익에 따라 매출액영업이익률, 매출액순이익률이라고 부릅니다.

재무비율	공식	삼성전자 재무비율
매출액영업이익률	영업이익÷매출액×100	59조÷244조×100 = 24%
매출액순이익률	당기순이익÷매출액×100	44조÷244조×100 = 18%

영업이익은 생산, 판매 및 관리 등과 같은 영업 활동을 통해 벌어서 쓰고 남은 돈을 의미합니다. 삼성전자의 매출액영업이익률은 24%입니다. 이것은 상품을 100원어치 팔았을 때 생산원가, 마케팅비용, 사무실 관리비 등을 차감하고 남은 돈이 24원이라는 의미입니다. 업종별로 많은 차이가 있지만 일반적으로 매출액영업이익률이 10% 이상이면 수익성이 양호하다고 평가합니다. 매출액영업이익률이 20% 이상인 이 회사는 수익성 측면에서 우량한 것으로 볼 수 있습니다.

당기순이익(순이익)은 영업 활동 외에 투자 활동과 재무 활동 등 회사의 모든 활동에 대한 성과를 의미합니다. 삼성전자의 매출액순이익률은 18%입니다. 즉, 제품 100원어치를 팔았을 때, 영업 활동에서 사용한 비용, 이자비용, 법인세비용까지 모두 차감하고도 남은 돈이 18원이라는 의미입니다. 일반적으로 매출액순이익률이 7% 이상이면 수익성이 양호한 것으로 봅니다. 팔면 파는 족족 손실이 발생하는 회사도 있는 것을 고려하면 매출액순이익률이 18%인 회사는 수익성이 매우 양호한 것으로 생각할 수 있겠습니다.

안정성 확인하기

손익계산서에서는 수익성뿐만 아니라 회사의 이자상환 능력도 파악할 수 있습니다. 이자상환 능력은 재무상태표 말하기에서 살펴본 안정성을 확인하기 위한 하나의 지표이기도 합니다. 영업 활동으로 벌어들인 이익(영업이익)으로 이자비용을 어느 정도 커버할 수 있는지를 통해 이자상환 능력을 파악하며, 재무비율로는 이자보상비율을 사용합니다. 이자보상비율은 '영업이익 ÷ 이자비용'으로 계산합니다.

삼성전자의 영업이익은 59조 원이며 이자비용*은 6,700억 원입니다. 이 경우 이자보상비율은 약 88(영업이익 ÷ 이자비용)로 계산됩니다. 영업이익으로 이자비용을 88번 갚을 수 있다는 의미가 됩니다. 바꿔 말하면 이것은 지금보다 차입금을 88배까지 늘리더라도 회사가 번 이익(영업이익)으로 이자비용을 커버할 수 있다는 뜻이기도 합니다.

✳ 알아두세요

이자비용

삼성전자의 손익계산서에는 금융비용 8.6조 원만 확인할 수 있을 뿐, 그중에 이자비용이 얼마나 되는지는 표시하고 있지 않습니다. 이럴 때는 주석을 확인해 봅시다. 전체 금융비용 8.6조 원 중에서 6,700억 원 정도가 이자비용임을 알 수 있습니다.

▼ 삼성전자 주석 예시

금융비용	
이자비용	674,617
- 상각후원가 측정 금융부채	289,993
- 기타금융부채	384,624
외환차이	7,149,831
파생상품관련손실	784,448
계	8,608,896

재무비율	공식	삼성전자 재무비율
이자보상비율	영업이익÷이자비용	59조÷6,700억=88배

일반적으로는 이자보상비율이 3배 이상이면 이자비용을 정상적으로 지급하고 주주에게도 보상할 수 있다고 보며, 이자보상비율이 높을수록 이자상환 능력이 좋은 것으로 평가합니다. 삼성전자의 경우, 영업이익으로 이자비용을 차고도 넘치게 커버할 수 있는 상황이니 재무적으로 안전한 것으로 판단할 수 있습니다.

손익계산서 말하기 기준표

손익계산서 말하기		재무비율	재무비율 공식	표준비율
수익성 확인하기	경영 성과	매출액영업이익률	영업이익÷매출액×100	10%
		매출액순이익률	당기순이익÷매출액×100	7%
안정성 확인하기	이자상환 능력	이자보상비율	영업이익÷이자비용×100	3배

이상에서 살펴본 것 외에도 다양한 재무비율이 있습니다. 회계 언어에 대한 이해가 깊어지면 차근차근 재무비율이 의미하는 바를 생각하면서 회계 말하기에 활용해 봅시다. 거듭 이야기하지만, 비율 자체가 중요한 것이 아니라 그것이 무엇을 의미하는지만 얼버낼 수 있으면 됩니다.

어느 회사의 손익계산서 (1)

다음은 E회사의 요약 손익계산서입니다. 위에서 배운 순서에 따라 손익계산서 말하기 연습을 해 봅시다.

▼ E회사의 손익계산서

(단위: 억 원)

① 번 돈(영업수익)	–	1,763
② 쓴 돈(영업비용)	–	1,728
③ 영업이익(①-②)	–	35
④ 금융수익 등	–	50
금융수익	12	0
기타수익	38	0
④ 금융비용 등	–	-95
금융비용	54	0
기타비용	41	0
⑤ 세전이익(③±④)	–	-10
⑥ 법인세비용	–	2
⑦ 당기순이익(⑤-⑥)	–	-12

* * *

(1) 수익성 확인하기

회사의 매출액은 1,763억 원, 영업이익은 35억 원, 세전이익은 -10억 원, 결과적으로 당기순손실이 12억 원입니다. 회사는 현재 당기순손실을 기록하고 있지만, 그래도 다행인 것은 영업에서는 35억 원의 이익이 났다는 것입니다. 금융비용이 과다하게 발생하여 회사의 영업이익을 까먹고 있는 형국입니다.

매출액이익률을 살펴보면 다음과 같습니다.

→ 매출액영업이익률: 2% (영업이익 35 ÷ 매출액 1,763 × 100)
→ 매출액순이익률: -1% (당기순이익 -12 ÷ 1,763 × 100)

일반적으로 매출액영업이익률 10%, 매출액순이익률 7% 이상이어야 수익성이 양호하다고 평가합니다. 이 회사의 경우, 매출액영업이익률이 2%로 낮은 상태이고, 특히 매출액순이익률은 (-) 상태로 수익성이 나쁘다고 볼 수 있습니다.

(2) 안정성 확인하기
회사의 영업이익은 35억 원이나 이자비용은 54억 원으로 이자비용이 영업이익보다 큽니다. 회사가 사업을 통해 남긴 이익으로 이자비용을 커버하지 못하는 상황이므로 재무적으로 위험한 상황으로 보입니다.

뒷이야기 앞의 손익계산서는 한때 '커피전문점의 성공신화'로 불리던 카페베네의 2013년 손익계산서입니다. 국내뿐만 아니라 해외까지 공격적으로 매장을 확대해 왔던 회사는 매출액이 감소하면서 적자가 누적되어 오다가, 2015년 자본잠식 상태에 이르며 2018년 초 법정관리에 들어갑니다. 그런데 아무리 수익성과 안정성 지표가 최악인 회사라도 반전은 있을 수 있습니다. 회사는 경영 내실화를 충실히 수행한 끝에 2018년 중 법정관리에서 조기 졸업하는 한편, 수년 만에 흑자 전환에 성공합니다.

어느 회사의 손익계산서 (2)

다음은 D회사의 요약 손익계산서입니다. 위에서 배운 순서에 따라 손익계산서 말하기 연습을 해 봅시다.

▼ D회사의 손익계산서 (단위: 억 원)

① 번 돈(영업수익)	-	40,734
② 쓴 돈(영업비용)	-	47,274
③ 영업이익(①-②)	-	-6,540
④ 금융수익 등	-	792
이자수익	179	0
기타 금융수익	613	0
④ 금융비용 등	-	-28,043
금융비용	2,297	0
기타비용	1,627	0
기타 영업외손익	24,119	0
⑤ 세전이익(③±④)	-	-33,791
⑥ 법인세비용	-	115
⑦ 당기순이익(⑤-⑥)	-	-33,906

* * *

(1) 수익성 확인하기

회사의 매출액은 4조 원, 영업손실은 6,500억 원, 결과적으로 당기순손실 3.4조 원입니다. 영업이익이 아니라 영업손실이라는 것은 회사가 영업을 하면 할수록 적자가 누적되는 상태로 수익성이 최악이라는 의미입니다.

(2) 안정성 확인하기

이자상환 능력을 확인함으로써 회사의 안정성을 평가해 볼 수 있는데, 회사는 이미 영업손실 상태이므로 이자비용 2,300억 원을 감당할 능력이 되지 않습니다.
안정성도 매우 나쁜 상황입니다.

뒷이야기 앞의 손익계산서는 한진해운의 2016년 어느 분기의 손익계산서입니다.
2017년 파산 직전까지 영업손실, 높은 금융비용으로 인한 적자를 면치 못하고 있었음을 알 수 있습니다.

재무제표 섞어서 말하기

상관관계를 이용하여 중요 항목 확인하기

재무제표는 서로 연결되어 있습니다. 손익계산서에서 계산한 당기순이익이 재무상태표의 이익잉여금으로 쌓이고, 현금흐름표에서의 현금 잔액이 재무상태표의 현금 잔액이 되는 것이 재무제표의 상관관계를 보여 주는 대표적인 예입니다. 회계 읽기에서 재무제표를 연결해서 보았던 것을 떠올려 봅시다. 재무상태표에서 현금, 자본, 당기순이익을 클릭하면 현금흐름표, 자본변동표, 손익계산서가 고구마 줄기처럼 줄줄이 엮여서 튀어나옵니다. 하나를 확인하면 다른 하나도 확인할 수 있는 그런 관계입니다. 재무제표의 이러한 관련성을 잘 활용하면 회계 말하기를 보다 효율적으로 할 수 있습니다. 한 가지 재무제표만으로는 확인할 수 없는 중요한 사항을 찾아낼 수도 있으니 재무제표는 반드시 섞어서 보아야 합니다.

현금흐름표의 기말 현금은 재무상태표의 기말 현금과 일치해야 합니다. 손익계산서의 당기순이익은 자본변동표의 당기순이익과 일치해야 하고, 자본변동표의 이익잉여금 잔액은 재무상태표의 이익잉여금 잔액과 그 금액이 같아야 하지요.

금액이 반드시 일치하지는 않더라도 비슷한 양상을 보이는 항목들도 있습니다. 예컨대, 현금흐름표에서 차입금 상환으로 인해 재무 활동 현금흐름이 감소했다면 비슷한 양상으로 재무상태표의 차입금 금액이 전기에 비해 감소하는 것이 정상입니다. 부동산을 매입하느라 현금을 사용한 경우, 현금흐름표의 투자 활동 현금흐름이 감소하는 모습을 보일 것이고, 재무상태표의 유형자산 금액은 증가하게 됩니다. 특히 재무제표 사이의 이러한 연결 관계가 중요한 항목은 손익계산서의 영업이익과 현금흐름표의 영업 활동 현금흐름입니다.

영업이익과 영업 활동 현금흐름

손익계산서에서의 영업이익은 회사가 영업 활동으로 벌어서 쓰고 남은 돈을 의미합니다. 그리고 현금흐름표의 영업 활동 현금흐름은 영업 활동에서 실제로 유입되고 유출된 현금의 변동을 말합니다. 둘 다 영업 활동으로 인한 항목이라는 점에서는 동일하지만 영업이익은 영업 활동에서 벌어들인 개념적인 돈을 의미하고, 영업 활동 현금흐름은 실제 현금을 의미한다는 점에서 큰 차이가 있습니다.

일반적인 회사라면 영업이익이 크면 영업 활동 현금흐름도 크기 마련입니다. 외상 판매 금액을 회수하는 시기의 차이만 있을 뿐, 이 차이를 배제한다면 두 항목의 금액이 유사한 것이 정상입니다. 삼성전자의 영업이익은 60조 원, 영업 활동 현금흐름은 67조 원으로 크게 이상해 보이지 않습니다. 만약 영업이익과 영업 활동 현금흐름에 차이가 크다면 그것은 이상한 것입니다. 이상한 점을 파악하고, 그 원인을 알아내려 노력하는 것이 바로 회계 말하기입니다.

두 항목에서 이상한 움직임을 보였던 대표적인 사례를 살펴보겠습니다. 로봇청소기로 유명했던 모뉴엘의 2013년 연결재무제표 주요 항목은 다음과 같습니다.

▶ **매출액**: 1조 2,737억 원
▶ **영업이익**: 1,104억 원
▶ **당기순이익**: 602억 원
▶ **영업 활동 현금흐름**: 15억 원 감소
▶ **부호로 표시한 현금흐름표**:

영업 활동 현금흐름	투자 활동 현금흐름	재무 활동 현금흐름	합계
−	−	+	+

위의 정보를 가지고 회계 말하기를 해 보겠습니다.

손익계산서 말하기

매출은 1조 원이 넘고, 당기순이익도 600억 원으로 꽤 큰 외형을 가진 회사임을 알 수 있습니다. 아래 표와 같이 비록 매출액이익률이 표준비율에 미치지는 못하지만 이 표준비율은 절대적인 것이 아니므로 회사의 수익성에 큰 무리는 없다고 볼 수 있을 것 같습니다.

재무비율	모뉴엘	표준비율
매출액영업이익률	8.67%	10%
매출액순이익률	4.73%	7%

현금흐름표 말하기

현금흐름표를 보면 상황이 조금 다릅니다. 현금흐름표를 부호로 파악해 보면, 회사의 현금흐름은 (-), (-), (+)로 전형적인 도산 직전 회사의 현금흐름표입니다. 빌려서 적자를 메우는 형국인 것이지요. 매출이 1조 원이 넘는 큰 회사라는데, 현금흐름표가 잘못된 것일까요?

재무제표 섞어서 말하기

현금흐름표와 손익계산서를 섞어서 말해 보겠습니다. 아니나 다를까, 영업이익이 1,104억 원이나 되는데도 불구하고 영업 활동 현금흐름은 적은 정도가 아니라 오히려 15억 원이 감소했다고 합니다. 이상하죠, 매우 이상합니다.

알고 보니 회사는 해외 외상매출액을 거짓으로 과대 인식하고 있었습니다. 거짓으로 제품을 수출한 것으로 기록했고, 그에 따라 재무상태표의 받아야 할 돈(매출채권)도 과다하게 부풀려졌지요. 회사는 이렇게 부풀린 매출채권을 담보로 국내 은행들로부터 돈을 빌려 썼습니다. 그러다 결국 2014년 대출을 갚지 못해 법정관리를 신청하게 됩니다. 일부 은행들은 영업이익과 영업 활동 현금흐름의 차이가 큰 것을 이상하게 여겨 일찌감치 대출금을 회수했으나 그러지 못한 은행들은 큰 손해를 보았다고 합니다. 이것이 이른바 모뉴엘 사태, 모뉴엘 사기라고 불리는 분식회계 사건입니다.

회계 언어에서 이상한 점을 찾아내는 것은 이렇게 중요합니다. 한 가지 재무제표에서도 많은 정보를 찾아낼 수 있지만 재무제표를 섞어 놓으면 이상한 점이 더 잘 보입니다. 그러니 지금은 조금 어렵더라도 여러 가지 재무제표의 연관성을 이해하고 활용할 수 있는 날이 올 수 있도록 회계 언어에 차차 익숙해지는 것이 좋습니다.

활동성 확인하기

식당에서 테이블당 손님이 자주 바뀌면 '회전율'이 빠르다고 이야기합니다. 회전율이 빠르면 그만큼 새 손님에게 음식을 더 팔 수 있어 매출액도 늘어날 것입니다. 회계 말하기에서도 회전율을 활용할 수 있습니다. 회사의 자산이 빨리 회전할수록 활동성이 증가하여 자산을 효율적으로 운용한다고 볼 수 있습니다. 회사의 대표적인 활동성 지표로는 재고자산회전율, 총자산회전율 등이 있습니다. 사실 활동성을 확인할 때, ○○회전율이라고 하면 계산 공식과 의미하는 바가 동일합니다. 한 가지만 이해하면 다른 회전율을 이해하는 것은 식은 죽 먹기나 다름없으니 한 가지라도 잘 이해하면 됩니다.

- 활동성: 회사가 자산을 효율적으로 운용하는 정도

❶ 재고자산회전율과 재고자산회전기간

재고자산회전율*은 연간 매출액(손익계산서)을 재고자산*의 평균액(재무상태표)으로 나눈 비율입니다. 재고자산회전율이 높다는 것은 같은 양의 재고자산을 더 빨리, 더 많이 판매한다는 뜻이므로 재고자산을 효율적으로 운용하고 있다고 해석할 수 있습니다. 말이 어려워서 그렇지 식당의 테이블 회전율과 크게 다를 바 없습니다. 물론 재고자산이 필요 없는 서비스업, 통신업, 광고업, 회계법인 등의 회사에서는 의미 없는 지표이긴 합니다.

✱ 알아두세요 ──────

재고자산회전율 또다른 계산법

참고로 재고자산회전율을 계산할 때, 매출액 대신 매출원가를 사용할 수도 있습니다. 매출액은 판매하는 시점의 시가를 반영하는 반면, 재고자산은 제조시점의 원가로 기록됩니다. 따라서 재무비율을 구할 때, 시가와 원가라는 각기 다른 기준이 사용되는 문제가 있습니다. 이러한 단점을 보완하기 위해 제조시점의 원가를 반영한 매출원가를 사용하여 재고자산회전율을 구하기도 합니다.

✱ 알아두세요 ──────

재고자산

회사가 팔기 위해 보유하고 있는 재산을 뭉뚱그려 재고자산이라고 합니다. 생산이 완료되어 판매 준비가 끝났거나, 현재 생산 중인 자산, 생산을 위한 원재료, 외부에서 구입한 완제품 등이 여기에 해당됩니다.

재무비율	공식	삼성전자 재무비율
재고자산회전율	매출액÷평균 재고자산	244조÷{(24조+28조)÷2}=9회
재고자산회전기간	365일÷재고자산회전율	365일÷9회=41일

매출액은 1년 동안 번 돈을 의미하므로, 재고자산도 1년 동안의 평균 금액(기초 재고자산과 기말 재고자산의 합계액을 2로 나눈 값)을 사용하여 기준을 맞춰 줍니다. 삼성전자의 재고자산회전율은 9회입니다. 연매출 244조 원을 달성하는 데 재고자산이 9번 회전한다는 뜻인데요, 일반적으로 재고자산회전율이 6회 이상이면 회사의 활동성이 양호하다고 봅니다. 삼성전자는 현재 재고자산을 효율적으로 운용하고 있는 것으로 볼 수 있겠습니다.

기왕에 재고자산회전율을 공부했으니 이와 유사한 비율 하나만 더 살펴보겠습니다. 재고자산회전기간이라 부르는 지표인데요, 365일을 재고자산회전율로 나누어 계산합니다. 이것은 재고자산이 1회 판매될 때까지 소요되는 기간이 얼마나 되는지를 나타냅니다.

삼성전자의 재고자산회전기간은 41일입니다. 재고자산이 한번 생산되어 판매될 때까지 약 41일이 소요된다는 의미이지요. 재고자산회전기간이 길어지면 회사가 재고자산을 현금화시키는 데 시간이 많이 소요되므로 그만큼 자금 압박을 많이 받게 됩니다.

❷ 총자산회전율과 총자산회전기간

회사가 투자한 총자산을 얼마나 잘 활용하고 있는지를 확인하기 위해서는 총자산회전율을 살펴보는 것이 도움이 됩니다. 총자산회전율은 매출액을 평균 자산*으로 나누어 계산하는데, 총자산이 1년 동안 몇 번이나 회전했는지, 또 회사가 자산의 몇 배에 해당하는 매출을 달성하고 있는지를 알려 줍니다. 총자산회전율이 1회를 넘는다는 것은 매출액이 자산보다 많다는 의미입니다.

✱ 알아두세요
평균 자산
(기초 자산+기말 자산)÷2.
분자의 매출액이 1년간 번 돈을 나타내므로 분모의 자산도 1년간의 평균금액으로 산출합니다.

재무비율	공식	삼성전자 재무비율
총자산회전율	매출액÷평균 자산	244조÷{(301조+339조)÷2}=0.76회
총자산회전기간	365일÷총자산회전율	365일÷0.76회=480일

삼성전자의 경우 총자산회전율은 0.76회입니다. 보통 총자산회전율이 1.5회 이상이면 양호하다고 평가를 하는데, 삼성전자의 경우 그 기준에는 미치지 못하는 것으로 보입니다. 다른 지표들을 보았을 때 상당히 우량한 회사인데, 총자산회전율은 왜 낮게 계산되었을까요? 여러 이유가 있겠지만 이것은 삼성전자가 속해 있는 산업적 특성 때문이라고 볼 수 있습니다. 반도체나 휴대폰 등의 기기를 제조하기 위해서는 매우 큰 규모의 설비 투자가 수반되어야 합니다. 즉 매출액이 크더라도 설비 투자 규모가 큰 경우에는 총자산회전율이 낮게 산출될 수밖에 없는 것입니다. 이와 같이 회계를 말할 때에는 재무제표의 숫자 그 자체만으로 결론을 내리기보다는 산업적 특성, 시기적 특성, 정치적 환경 등 입수할 수 있는 다양한 정보를 고려해야 합니다. 회계 말하기는 의사결정을 위한 보조 수단으로만 사용해야 하는 것이지요. 물론 아주 강력한 보조이기는 합니다.

재고자산회전율과 마찬가지로 총자산회전율을 통해 총자산회전기간을 계산할 수 있습니다. 삼성전자의 총자산회전기간은 480일로 계산됩니다. 유형자산 규모가 큰 만큼 총자산이 매출액으로 실현되는 데 480일이라는 기간이 소요되고 있음을 알 수 있습니다.

수익성 확인하기

손익계산서 말하기에서 매출액 대비 얻는 이익이 얼마나 되는지 매출수익성을 확인해 보았는데요, 재무상태표와 손익계산서를 섞어서 분석하면 회사가 투자한 자본에 대한 수익성도 알 수 있습니다.

- 매출수익성: 회사가 100원 팔았을 때 남는 이익이 얼마인가?
- 자본수익성: 회사가 투자한 자산이 100원일 때 투자 대비 얻을 수 있는
  이익이 얼마인가?

총자산순이익률(총자본순이익률, Return on Asset)

총자산을 운용하여 회사가 얼마나 많은 성과를 냈는지를 나타내는 지표로 당기순이익을 평균 자산으로 나눈 비율입니다. 회사가 투자한 총자산 대비 당기순이익을 비교하는 수익성 지표이므로 회사 입장에서의 투자수익률(투자 대비 이익)입니다. 일반적으로 10% 이상이면 수익성이 양호한 것으로 평가합니다.

자기자본순이익률(Return on Equity)

주주로부터 조달한 자금으로 회사가 얼마나 많은 성과를 냈는지 보여주는 비율입니다. 당기순이익을 평균 자기자본*으로 나누어 계산합니다. 주주가 투자한 자본과 주주 몫인 당기순이익을 비교하는 수익성 지표이므로 주주 입장에서의 투자수익률(투자 대비 이익)을 의미합니다. 자기자본순이익률이 10% 이상이면 양호한 것으로 보며, 20%를 넘는 경우 우량기업으로 간주하기도 합니다.

재무비율	공식	삼성전자 재무비율
총자산순이익률	당기순이익÷평균 자산×100	44조÷{(301조+339조)÷2}×100 = 14
자기자본순이익률	당기순이익÷평균 자본×100	44조÷{(214조+248조)÷2}×100 = 19

삼성전자의 총자산순이익률과 자기자본순이익률은 각각 14%와 19%로 모두 10%를 넘습니다. 따라서 투자 대비 수익성이 양호한 것으로 볼 수 있습니다.

다음은 재무제표를 섞어서 말할 때 유용한 재무비율의 내용을 정리한 표입니다.

재무제표 섞어서 말하기 기준표

재무제표 섞어서 말하기		재무비율	재무비율 공식	표준비율
활동성 확인하기	효율성	재고자산회전율	매출액÷평균 재고 자산	6회
		총자산회전율	매출액÷평균 자산	1.5회
수익성 확인하기	경영 성과	총자산순이익률	당기순이익÷평균 자산×100	10%
		자기자본순이익률	당기순이익÷평균 자본×100	10%

잠깐
만요 재무비율 정리

다음은 유용한 재무비율 및 그 공식과 예제로 살펴본 2018년 삼성전자의 재무비율, 동종 업계 산업평균비율 및 표준비율을 정리한 것입니다. 산업평균비율은 대상연도 대상업종 에 속한 회사의 재무 정보를 평균하여 계산하는 것이므로 해마다 달라집니다.

요소	재무비율	공식	삼성전자	산업평균	표준비율
안정성	유동비율	유동자산÷유동부채×100	254%	155.17%	130%
	부채비율	부채÷자기자본×100	37%	40.90%	100%
	자기자본비율	자기자본÷총자본×100	73%	70.97%	50%
	이자보상비율	영업이익÷이자비용	88배	46배	3배
수익성	매출액 영업이익률	영업이익÷매출액×100	24%	18.11%	10%
	총자산 순이익률	당기순이익÷평균 자산×100	14%	12.89%	10%
	자기자본 순이익률	당기순이익÷평균 자본×100	19%	17.94%	10%
활동성	재고자산 회전율	매출액÷평균 재고자산	9회	19.18회	6회
	총자산회전율	매출액÷평균 자산	0.76회	0.87회	1.5회

어느 회사의 재무제표 섞어서 말하기 (1)

다음은 C회사의 요약 현금흐름표와 재무상태표입니다. 재무제표의 상관관계를 활용하여 중요한 항목을 확인해 보세요. 재무상태표는 전기와 당기의 자료를 표시한 비교식 재무상태표입니다.

▼ C회사의 현금흐름표 (단위: 억 원)

① 영업 활동으로 인한 현금 변동액		1,879
영업 활동으로 인한 현금 증가	1,879	
② 투자 활동으로 인한 현금 변동액		943
유형자산 및 유형자산의 처분	63	
대여금 및 수취채권의 감소	833	
단기금융상품의 순증가	380	
기타	-333	
③ 재무 활동으로 인한 현금 변동액		-1,019
차입금 등의 상환	-13,858	
유상증자 및 자기주식의 처분	12,839	
④ 현금 변동액(①+②+③)		1,803
⑤ 기초 현금		6,957
⑥ 환율변동 등		62
⑦ 기말 현금(④+⑤+⑥)		8,822

(단위: 억 원)

과목	당기말	전기말	과목	당기말	전기말
유동자산	36,581	37,750	**유동부채**	43,139	47,838
현금	8,822	6,957	매입채무	11,793	14,630
기타	27,759	30,793	단기차입금 등	14,516	19,653
			기타	16,830	13,555
			비유동부채	2,100	11,600
			장기차입금	0	8,568
비유동자산	18,620	18,559	기타	2,100	3,032
유형자산	6,568	6,865	채권자 몫(부채) 계	45,239	59,438
기타	12,052	11,694	납입자본	14,538	2,566
			이익잉여금	-1,978	-2,919
			기타	-2,598	-2,776
			주주 몫(자본) 계	9,962	-3,129
회사의 재산(자산)	55,201	56,309	부채와 자본 총계	55,201	56,309

* * *

(1) 현금잔액 확인

재무상태표와 현금흐름표의 기초 현금은 6,957억 원, 기말 현금은 8,822억 원으로 일치합니다.

(2) 재무 활동으로 인한 현금 변동액과 재무상태표 관련 항목 확인

▶ 유상증자 및 자기주식의 처분으로 인한 현금 증가액: 1조 2,839억 원
▶ 차입금 등의 상환으로 인한 현금 감소액: 1조 3,858억 원

현금흐름표의 재무 활동으로 인한 현금 변동액의 세부 항목을 보면 ①유상증자 및 자기주식의 처분으로 현금이 1조 2,839억 원 증가했고, ②차입금 상환으로 현금이 1조 3,858억 원 감소하였음을 알 수 있습니다. 이것은 회사가 주주로부터 1조 2,839억 원의 현금을 추가로 투자받았고(유상증자), 빚을 갚는 데 1조 3,858억 원의 현금을 썼다(차입금 상환)는 의미입니다. 실제로 이와 같은 활동이 있었는지는 아래와 같이 재무상태의 관련 항목을 통해서 확인해 볼 수 있습니다.

① **유상증자**: 유상증자로 주주가 회사에 투자한 자금이 증가했다면 재무상태표의 납입자본 항목을 확인하면 됩니다. 납입자본은 주주가 회사에 투자한 돈을 기록하는 항목입니다. 따라서 유상증자로 투자금이 증가하였다면 당연히 납입자본 항목

의 금액이 전기 대비 증가했어야 합니다. 회사의 재무상태표상 전기말 납입자본은 2,566억 원이었으며, 당기말 납입자본은 1조 4,538억 원으로 전기 대비 납입자본이 1조 1,972억 원만큼 증가했습니다. 재무상태표의 납입자본 증가금액이 현금흐름표의 유상증자 등으로 인한 현금 증가액(1조 2,839억 원)과 비슷한 것으로 보아, 실제 유상증자가 있었음을 알 수 있습니다.

② **차입금 상환**: 차입금을 상환하는 데 현금을 사용했다면 재무상태표의 차입금 관련 항목(단기차입금 및 장기차입금)이 전기에 비해 감소했을 것으로 예상해 볼 수 있습니다. 전기말 재무상태표상에서 단기차입금은 1조 9,653억 원, 장기차입금이 8,568억 원으로 총 차입금의 합계는 2조 8,221억 원입니다. 자, 이제 당기 말 재무상태표에서 차입금 금액이 줄었는지 확인해 봅시다. 당기 말 단기차입금은 1조 4,516억 원, 장기차입금은 0원이니 전기 대비 1조 3,705억 원의 차입금이 감소하였습니다. 이 감소 금액은 현금흐름표에서 확인했던 차입금 상환으로 인한 현금 감소액(1조 3,858억 원)과 유사합니다. 따라서 회사가 실제로 차입금을 상환한 것으로 이해할 수 있습니다. 만약 위와같이 현금흐름표와 재무상태표를 섞어서 말하기를 했을 때 불일치가 생긴다면 이것은 뭔가 이상한 것이니 다른 정보를 확인해 보아야 합니다.

회사는 막대한 차입금을 상환하기 위한 자금 조달 수단으로 유상증자를 선택한 것으로 보입니다. 주주로부터 대규모의 투자를 받아 현금을 확보하고, 그렇게 확보된 자금을 빚을 갚는데 사용한 것으로 추측해 볼 수 있습니다. 이러한 예상이 맞는지는 뉴스나 사업보고서, 공시 자료 등을 통해 추가로 파악해 보면 됩니다.

뒷이야기 위의 재무제표는 앞서 재무상태표 말하기에서 다룬 삼성엔지니어링의 2016년 재무제표입니다. 유상증자를 통한 현금 조달 및 차입금 상환의 과정을 재무상태표와 현금흐름표를 통해 고스란히 확인할 수 있습니다.

다음은 F회사의 재무상태표와 손익계산서로부터 발췌한 정보입니다. F회사는 제조업을 영위하는 회사입니다. 이 정보를 통해 회사의 활동성을 파악해 봅시다.

(단위: 억 원)

항목	전기	당기
매출액		968,126
재고자산	102,799	107,149
자산	1,806,558	1,781,995

* * *

(1) 재고자산회전율과 재고자산회전기간

재무비율	공식	계산 결과
재고자산회전율	매출액÷평균 재고자산	9회
재고자산회전기간	365일÷재고자산회전율	41일

재고자산회전율은 9회, 재고자산회전기간은 41일입니다. 연매출 96조 원을 달성하기 위해 재고자산이 9회 회전하고, 재고자산이 1회 판매되는 데까지 걸리는 기간이 41일 이라는 의미입니다. 보통 재고자산회전율이 6회 이상이면 회사의 활동성이 양호하다 고 판단하므로 회사는 현재 재고자산을 효율적으로 운용하는 것으로 보입니다.

(2) 총자산회전율과 총자산회전기간

재무비율	공식	계산 결과
총자산회전율	매출액÷평균 자산	0.54회
총자산회전기간	365일÷총자산회전율	676일

회사의 총자산회전율은 0.54회, 총자산회전기간은 676일입니다. 연매출 96조 원을 달성하기 위해 총자산이 0.54회 회전하고, 총자산이 매출액으로 실현되는 데까지 676일이 걸린다는 의미입니다. 총자산회전율이 1.5회 이상인 경우에 활동성이 양호하다고 평가하므로 회사는 총자산을 잘 활용하고 있는 것으로 보이지 않습니다. 다만, 제조업을 영위하는 회사가 대규모의 설비를 보유하고 있다면 총자산회전율이 낮게 나올 수 있으므로 다른 정보에 대한 추가 분석을 수행해 봐야 할 것입니다.

뒷이야기 위의 재무 정보는 현대자동차의 2018년 재무제표에서 발췌한 것입니다. 현대자동차는 대규모 설비 투자를 통해 자동차를 제조하여 판매하는 업체이므로 총자산 규모가 클 수밖에 없고 총자산회전율이 낮게 계산될 여지가 많습니다.

회계 단어 | **손익계산서 필수 단어 이해하기**

손익계산서 단어 이해하기

지난번에는 재무상태표에 등장하는 회계 단어들을 살펴보았습니다. 이번에는 손익계산서에 나오는 단어들을 살펴보겠습니다.

손익계산서에 등장하는 회계 단어들은 영업수익, 영업비용, 영업이익, 금융수익, 금융비용, 세전이익, 법인세비용, 당기순이익 등입니다. 좀 더 복잡한 손익계산서나 주석에서는 이 항목들을 더 세분화하여 표시하고 있습니다. 재무제표에 대한 이해를 넓히기에 유용한 주요 손익계산서 단어들을 알아봅시다.

☑ **매출액(영업수익, Sales)**: 회사의 정상적인 영업 활동을 통해 생산한 제품이나 구매한 상품, 서비스를 판매하여 번 돈이 매출액입니다. 영업수익이라고도 합니다. 제조회사가 만든 제품을 판매하여 번 돈, 광고회사가 광고 서비스를 제공하고 번 돈을 말합니다.

☑ **기타수익, 금융수익 또는 영업외수익***(Other Income)**: 회사가 번 돈 중에서 매출액이 아닌 수익은 매출액과 구분하여 따로 기록하는데, 기타수익, 금융수익, 영업외수익 등으로 표시됩니다. 제조회사가 여유자금을 은행에 예치하고 이자를 받는 경우, 이자수익은 금융수익(영업외수익)으로 기록됩니다. 서비스업을 영위하던 회사가 사용하던 자동차를 판매하고 돈을 버는 경우, 이 돈은 영업외수익(자산처분이익 등)으로 기록됩니다. 자동차의 판매는 회사의 주요 사업이 아니니 매출액 대신 영업외수익으로 처리하는 것입니다. 당연히 현대자동차가 자동차를 딜러에게 판매하고 번 돈은 기타

✱ 알아두세요
한국채택국제회계기준에서는 기타수익과 금융수익으로, 일반기업회계기준에서는 영업외수익으로 구분합니다. 영업 활동 이외에서 발생한 수익은 모두 매출액과 구분하여 표시한다는 점에서 차이가 없으니 이름에 너무 연연할 필요는 없습니다.

수익이 아니라 매출액으로 기록하지요. 이외에도 배당금수익, 외환차익, 외화환산이익, 자산평가이익, 임대료 등 다양한 수익 항목들이 존재합니다.

✓ **매출원가(Cost Of Sales)**: 제품이나 상품을 판매했을 때, 판매된 제품이나 상품의 제조원가나 구매원가를 매출원가라고 합니다. 판매되지 않고 남아 있는 자산의 원가는 재무상태표의 재고자산 항목에 표시됩니다.

✓ **매출총이익(Gross Margin)**: 매출액(번 돈)에서 매출원가(쓴 돈)를 빼고 남은 돈이 매출총이익입니다.

✓ **판매비와 관리비(Selling, General and Administrative Expense, SG&A)**: 줄여서 판관비라고 많이 부릅니다. 재화나 서비스를 판매하기 위해 들어가는 비용(판매비)과 관리 업무를 위해 쓴 돈(관리비)을 아울러 판매비와 관리비로 구분합니다. 영업 활동을 위해 발생하는 비용 중에서 매출원가가 아닌 모든 비용이 여기에 해당한다고 보면 됩니다. 판매 또는 관리 업무를 담당하는 직원들의 인건비, 복리후생비, 여비, 교통비 등과 접대비, 각종 세금, 차량유지비, 지급수수료, 광고선전비, 판매시설 임차료, 본사 감가상각비 등 대부분의 비용 항목이 여기에 속합니다.

잠깐 만요 　감가상각비(무형자산상각비, 감모상각비)

감가상각비는 손익계산서에서 심심찮게 보이는 회계 단어입니다. 자동차를 현금 완납으로 구입했을 때, 현금주의에서는 현금 지출 시점에 자동차 구입 대금을 전액 비용으로 인식합니다. 반면 발생주의에서는 자동차를 사용하는 기간(수익 창출 활동에 사용하는 기간)에 걸쳐 합리적으로 배분한 금액을 비용으로 인식합니다. 예를 들어 5,000만 원에 구입한 자동차를 5년 동안 사용하는 경우, 향후 5년간 매년 1,000만 원을 비용으로 기록하는 것입니다. 5년 동안 사용할 자산이면 5년 동안 나눠서 비용으로 인식하면 되지, 한방에 비용으로 인식하지는 않겠다는 의미입니다. 이렇게 유형자산에 대한 비용을 일정 기간에 걸쳐 배분하는 절차를 회계 언어에서 '감가상각'이라고 부르며, 감가상각을 통해 인식하는 비용이 바로 '감가상각비'입니다. 무형자산과 천연자원의 비용 배분 절차에서는 각각 무형자산상각비, 감모상각비라는 회계 단어를 사용하니 기억해 둡시다.

✔ **영업이익(Operating Income)**: 매출총이익에서 판매비와 관리비를 빼고 남은 돈이 영업이익입니다. 회사의 생산 활동, 판매 및 관리 활동의 결과 남은 돈이 얼마인지를 보여 주는 항목입니다. 매출총이익이 제품이나 상품을 판매하고 남은 돈이 얼마인지를 보여 주는 것(생산 및 구매 활동의 성과)이라면, 영업이익은 회사가 장사를 해서 얼마나 남겼는지(판매 및 관리 활동의 성과까지 포함)를 보여 준다는 점에서 차이가 있습니다.

✔ **기타비용, 금융비용 또는 영업외비용***(Other Expenses): 회사의 영업 활동 이외의 활동에서 쓴 돈을 의미합니다. 은행에서 차입한 자금에 대한 이자비용은 금융비용(영업외비용)으로 기록합니다. 물론 금융기관인 은행이 이자를 지급한다면 해당 비용은 영업비용으로 기록합니다. 이외에도 회사가 기부 목적으로 쓴 기부금, 외환차손, 외화환산손실, 자산처분손실, 자산평가손실 등 다양한 항목들이 있습니다.

✱ 알아두세요
한국채택국제회계기준에서는 기타비용과 금융비용으로, 일반기업회계기준에서는 영업외비용으로 구분합니다.

손익계산서 주요 단어 모음

회계 언어	손익계산서	손익계산서 세부 항목
① 번 돈(영업수익)	매출액(영업수익)	제품 매출액 상품 매출액 서비스 매출액
② 쓴 돈(영업비용)	매출원가	제품 매출원가(생산 직원의 인건비, 복리후생비, 여비, 교통비 등, 공장 임차료 및 감가상각비, 공장에서 발생한 세금, 지급수수료 등) 상품 매출원가(상품 구입비 등)
	판매비와 관리비	판매 직원의 인건비, 복리후생비, 여비, 교통비, 접대비, 광고선전비, 세금, 지급수수료, 판매 시설 임차료, 본사 감가상각비
③ 영업이익(①-②)		
④ 금융비용 등	금융수익, 기타수익, 영업외수익	이자수익, 배당수익, 자산처분이익, 임대료, 외환차익 등
④ 금융수익 등	금융비용, 기타비용, 영업외비용	이자비용, 자산처분손실, 임차료, 외환치손, 기부금 등
⑤ 세전이익(③ㅗ④)		
⑥ 법인세비용		
⑦ 당기순이익(⑤-⑥)		

실전 연습,
회계 언어
연습하기

회계 외국인으로서 알아야 할 회계에 대한 모든 것을 공부했습니다. 읽을 때는 이해한 것 같았는데, 막상 실전에 써 보려고 하니 여러 개념들이 헷갈리지 않나요? 기억이 가물가물한 분들을 위해 정리 마당을 준비했습니다. 복습을 통해 개념과 원리를 완벽히 다져 보세요.

32

회계 언어활동 총정리

회계 언어활동의 구성

지금까지 회계 언어활동에 대해서 공부해 보았습니다. 회계 언어활동
은 다음의 4가지로 구성됩니다.

> **회계 언어활동의 구성 요소**
> • **회계 쓰기**: 회계 쓰기는 회계 원어민들이 수행하는 별개의 활동임을 인정하
>   고, 회계 쓰기에서는 육하원칙만 기억하도록 한다.
> • **회계 듣기**: 회계를 들어야 하는 이유에 대해 인정하고, 재무제표를 접할 수
>   있는 방법을 확인한다.
> • **회계 읽기**: 재무제표의 종류, 용도, 형태 등 재무제표 자체를 이해한다.
> • **회계 말하기**: 재무제표를 통해 회사에 대한 유용한 정보를 확인하고, 회사에
>   대한 판단이 필요할 경우 활용한다.

회계 읽기를 통해 회사에 대한 기본적인 사항을 파악한 뒤, 회계 말하
기 체크리스트에 따라 차근차근 재무제표 말하기를 하다 보면 회사가
유동성은 좋은지, 안전한 회사인지, 수익성은 좋은지, 자산은 잘 활용
하고 있는지 등을 확인할 수 있습니다. 회계 언어에 대한 이해를 기본

으로 회계 밖의 세상에 대한 이해를 곁들이면서 마치 탐정처럼 수수께 끼를 풀어가는 마음으로 재무제표를 분석하는 것, 그것이 회계 외국인 들이 추구해야 할 회계 언어활동의 비전입니다.

회계 읽기 연습

재무제표로 회계 읽기와 회계 말하기

여기 가상의 제조업체인 삼지전자의 재무제표가 있습니다. 이것을 통해 지금까지 배운 회계 읽기와 회계 말하기 활동을 정리해 보겠습니다.

아래 재무제표의 금액 단위는 편의상 '억 원'으로 하겠습니다. 단위가 몇 조든 몇 원이든 그 크기는 중요하지 않습니다. 다른 회사와 비교할 때는 금액의 절댓값도 중요하지만 금액과는 상관없이 비율을 효과적으로 활용할 수 있어야 합니다. 그러니 본인이 편히 읽을 수 있다면 재무제표의 숫자 단위를 조정하여 읽는 것도 하나의 방법입니다.

다음은 삼지전자의 어느 해의 비교식 재무상태표와 비교식 손익계산서, 그리고 당해연도 현금흐름표입니다.

▼ 삼지전자 재무상태표

(단위: 억 원)

과목	당기말	전기말	과목	당기말	전기말
유동자산	441	312	**유동부채**	215	285
현금	135	95	매입채무	99	138
매출채권	246	154	단기차입금	116	147
재고자산	60	63	**비유동부채**	130	152
			장기차입금	130	152
비유동자산	311	310	채권자 몫(부채) 계	345	437
유형자산	250	230	납입자본	180	150
기타	61	80	이익잉여금	227	35
			주주 몫(자본) 계	407	185
회사의 재산(자산)	752	622	부채와 자본 총계	752	622

▼ 삼지전자 손익계산서

(단위: 억 원)

과목	당기중	전기중
① 번 돈(영업수익)	1,180	870
② 쓴 돈(영업비용)	917	812
③ 영업이익(①-②)	263	58
④ 금융수익 등	25	22
④ 금융비용 등	-48	-50
⑤ 세전이익(③±④)	240	30
⑥ 법인세비용	48	6
⑦ 당기순이익(⑤-⑥)	192	24

▼ 삼지전자 현금흐름표

(단위: 억 원)

과목		당기중
① 영업 활동으로 인한 현금 변동액		83
영업 활동으로 인한 현금 증가	83	
② 투자 활동으로 인한 현금 변동액		-20
유형자산 증가	-20	
③ 재무 활동으로 인한 현금 변동액		-23
자본금 증가	30	
단기차입금 감소	-31	
장기차입금 감소	-22	
④ 현금 변동액(①+②+③)		40
⑤ 기초 현금		95
⑥ 기말 현금(④+⑤)		135

회계 읽기에서 배운 그대로 삼지전자의 재무제표를 읽어 보세요. 회계 읽기에서는 깊이 생각할 필요가 없습니다. 그저 재무제표에 적혀 있는 내용을 파악할 수 있으면 충분합니다.

재무상태표 읽기

당기말 현재 회사의 부채는 345억 원, 자본은 407억 원입니다. 부채와 자본의 합계 금액은 752억 원입니다. 이 금액은 회사의 자산 총액인 752억 원과 일치합니다. 회사는 채권자 등으로부터 345억 원, 주주로부터 407억 원을 조달하여 그 자금으로 기말 현재 752억 원의 자산을 보유하고 있음을 확인할 수 있습니다.

손익계산서 읽기

회사가 한 해 동안 제품을 제조·판매해서 번 돈은 1,180억 원, 쓴 돈은 917억 원이며, 영업 활동에서 얻은 이익은 263억 원입니다. 그중 이자 비용으로 은행에 48억 원을 지급했고, 반대로 은행이나 금융기관 등으로부터 받은 이자수익이 25억 원입니다. 은행에 줄 돈은 주고 받을 돈은 받은 후 세금을 내기 전 남은 이익(세전이익)이 240억 원입니다. 세금 48억 원을 내고 나면 결과적으로 주주가 가져갈 몫(당기순이익)은 192억 원입니다.

현금흐름표 읽기

회사의 영업 활동(제조 및 판매)으로 현금 83억 원이 증가했고, 투자 활동으로 현금 20억 원이 감소하였습니다. 한편, 재무 활동으로 현금 23억 원이 감소하였습니다. 회사의 사업 활동 결과 기말 현재 남아 있는 현금은 총 135억 원이며, 이 금액은 재무상태표의 기말 현금 잔액과 일치합니다.

회계 읽기 연습의 핵심은 재무제표를 있는 그대로 확인하는 것에 있습니다. 재무제표에 대한 두려움을 내려놓고 재무제표에 적혀 있는 내용을 기계적으로 확인할 수 있으면 됩니다. 재무제표에 무엇이 적혀 있는지, 각 재무제표의 구조가 어떠한지를 파악하는 것에 집중하세요. 회계 원어민이 되면 회계 읽기 단계는 생략하고 바로 회계 말하기 단계로 넘어갈 수 있습니다.

회계
무작정
따라하기

34

회계 말하기 연습

재무제표 체크리스트 이용하기

회계 읽기를 통해 재무제표에 대한 파악이 끝났으면 회계 말하기 체크
리스트를 꺼내서 순서대로 회계 말하기 연습을 해 봅시다.

회계 말하기 체크리스트

순서	재무제표	확인 사항	내용	참고 재무비율	확인
1	현금 흐름표	현금흐름표 부호 확인하기	회사의 전반적인 상황 파악	-	
		영업 활동 현금흐름 확인하기	영업으로 인한 현금 창출 능력	-	
		투자 활동 현금흐름 확인하기	회사의 투자 내용	-	
		재무 활동 현금흐름 확인하기	채무불이행 위험, 자본구조의 건전성 확인	-	
2	재무 상태표	자본구조 확인하기	부채, 자본, 자산의 규모가 얼마나 되는지 확인	-	
		이상한 자산, 부채, 자본 항목 확인하기	특이한 항목 확인	-	
		유동성 확인하기	단기채무 지급 능력	유동비율	
		안정성 확인하기	재무구조의 건전성	부채비율	
				자기자본비율	

3	손익 계산서	경영 성과 확인하기	영업이익, 당기순이익 등의 규모	-
		이상한 수익, 비용, 이익 항목 확인하기	특이한 항복 확인	-
		수익성 확인하기	회사의 경영 성과	매출액영업이익률
				매출액순이익률
		안정성 확인하기	이자상환 능력	이자보상비율
4	재무제표 섞어서 말하기	중요 항목 확인하기	재무제표의 상관관계를 활용한 이상 항목 확인	-
		활동성 확인하기	회사가 자산을 효율적으로 운용하는 정도	재고자산회전율
				총자산회전율
		수익성 확인하기	회사가 투자한 자본에 대한 수익성	총자산순이익률
				자기자본순이익률

현금흐름표 말하기

❶ 부호와 세기를 통해 현금흐름표 확인하기

회계 말하기의 첫 단계는 다음과 같이 현금흐름표를 부호로 그려 보는 것입니다. 삼지전자의 현금흐름은 다음과 같습니다.

영업 활동 현금흐름	투자 활동 현금흐름	재무 활동 현금흐름	합계
+	−	−	+

현금흐름표 말하기에서 배운 것을 떠올려 봅시다. (+), (−), (−) 부호는 안정기 회사의 전형적인 현금흐름을 보여 줍니다. 영업 활동으로 돈을 벌어서 투자하고 빚도 갚았는데 현금이 남아도는 형세입니다. 현금흐름의 부호로 보았을 때, 이 회사는 안정기의 우량회사인 것으로 추측해 볼 수 있습니다. 이와 같은 기본적인 분석을 토대로 회사의 현금흐름을 자세히 들여다봅니다.

❷ 본격적으로 현금흐름표 말하기

① 영업 활동에서 벌어들이는 현금이 83억 원인데, 투자 활동으로 감소한 현금이 20억 원, 재무 활동으로 감소한 현금이 23억 원입니다. 결과적으로 기말 현금은 전기보다 40억 원이 증가한 135억 원입니다.

② 회사는 유상증자를 통해 주주로부터 30억 원의 현금을 조달했습니다. 아울러 단기차입금과 장기차입금을 상환하는 데 현금 53억 원을 사용했습니다. 영업 활동에서 벌어들이는 현금이 83억 원, 기초 현금 잔액도 95억 원으로 보유 현금만으로도 차입금을 상환하기에는 충분해 보이나, 여유 현금을 보유하기로 한 것으로 보입니다. 회사의 자금 상황은 매우 여유 있는 모습입니다.

③ 회사는 보유 현금을 활용해 20억 원의 유형자산 투자를 진행했습니다. 향후 공장 설비 등의 대규모 투자가 계속적으로 이루어질 수도 있어 보입니다. 재무제표 외의 다른 경로를 활용하여 회사의 미래 투자 계획에 대한 정보를 입수하는 것이 도움이 될 것입니다.

현재 회사의 영업 활동으로 인한 현금흐름이 충분한 데다 투자 활동이나 재무 활동으로 인한 현금흐름도 회사의 수익성을 증대시킬 방향으로 이루어지고 있는 것으로 보입니다.

재무상태표 말하기

❶ 자본구조 확인하기

회사의 부채는 345억 원, 자본은 407억 원, 자산은 752억 원입니다. 이익잉여금이 (+)로 자본잠식이 일어나지 않는 정상적인 모습입니다.

❷ 이상한 자산, 부채, 자본 항목 확인하기

회사의 주요 재무상태표 항목 중 이상한 항목을 확인합니다. 큰 숫자는 이상한 항목인 것으로 간주합니다.

> 매출채권 246억 원, 유형자산 250억 원, 단기차입금 116억 원,
> 장기차입금 130억 원

매출채권이 246억 원으로 전기에 비해 약 90억 원 정도 증가했습니다. 매출액의 갑작스런 증가가 있었는지, 매출처로부터 판매대금을 떼일 가능성이 있지는 않은지 관심을 기울여야 합니다. 한편, 차입금 상환을 했음에도 불구하고 단기차입금과 장기차입금의 금액이 전체 자산 규모를 고려할 때 적지 않습니다. 전체 자산 대비 차입금이 차지하는 비중이 33% 정도나 됩니다.

유형자산 금액이 250억 원으로 전체 자산 대비 33% 정도 됩니다. 일반적으로 제조업의 유형자산 비중은 전체 자산 대비 30% 내외이므로 회사의 유형자산 비중은 적정해 보입니다.

❸ 유동성 및 안정성 확인하기

요소	재무비율	공식	삼지전자	산업평균	표준비율
유동성	유동비율	유동자산÷유동부채×100	205%	155.17%	130%
안정성	부채비율	부채÷자기자본×100	85%	40.90%	100%
	자기자본비율	자기자본÷총자본×100	54%	70.97%	50%

유동성: 삼지전자의 유동비율은 205%(441÷215×100)로 계산되는데, 회사의 유동자산이 유동부채의 2배만큼 많다는 뜻입니다. 표준비율 130%, 산업평균비율 155%보다도 높으므로 회사는 동종업계 다른 회사에 비해 유동성이 양호하다고 판단됩니다.

안정성: 회사의 부채비율은 85%(345÷407×100)인데, 이것은 자기자본으로 회사의 부채를 85%만큼 커버할 수 있다는 의미입니다. 부채비율은 산업평균비율인 40.9%보다는 높으니 표준비율인 100%보다는 낮은 상태입니다. 비록 동종업계 다른 회사보다는 자기자본 대비 부채를 많이 사용하고 있으나, 그래도 자기자본만 가지고 부채를 모두 커버할 수 있는 상태이므로 재무구조가 비교적 건전하다고 볼 수 있습니다. 한편, 회사의 자기자본비율은 54%(407÷752×100)입니다. 총자본 중에 자기자본이 반이 넘는 상황으로 적정한 부채를 사용하고 있다고 볼 수 있습니다.

손익계산서 말하기

❶ 경영 성과 확인하기

회계 읽기에서 파악한 대로 회사의 경영 성과는 매출액 1,180억 원, 영업이익 263억 원, 세전이익 240억 원 및 당기순이익 192억 원입니다.

❷ 이상한 수익, 비용, 이익 항목 확인하기

- 매출액: 당기 1,180억 원, 전기 870억 원
- 영업이익: 당기 263억 원, 전기 58억 원
- 당기순이익: 당기 192억 원, 전기 24억 원

당기에 회사의 매출액이 전기 대비 310억 원이나 증가했고, 영업이익과 당기순이익도 각각 205억 원, 168억 원 증가했습니다.

❸ 수익성과 안정성 확인하기

요소	재무비율	공식	삼지전자	산업평균	표준비율
수익성	매출액영업이익률	영업이익 ÷ 매출액 × 100	22%	18.11%	10%
	매출액순이익률	당기순이익 ÷ 매출액 × 100	16%	14.82%	7%
안정성	이자보상비율	영업이익 ÷ 이자비용	5배	46배	3배

수익성: 회사는 매출액영업이익률 22%(263÷1,180×100), 매출액순이익률 16%(192÷1,180×100)로 산업평균 및 표준비율 대비 수익성이 양호한 것으로 평가됩니다. 다만, 전기의 매출액영업이익률과 매출액순이익률은 각각 7%(58÷870×100)와 3%(24÷870×100)로 계산되므로 전기 대비 당기에 획기적인 수익성의 개선이 있었던 것으로 보입니다. 회사의 제조시설이 전기에 완전히 가동되지 않다가 당기 들어 비로소 효율적인 설비 운영이 이루어진 것인지, 자동화 설비의 도입으로 인건비를 줄일 수 있었던 것인지 뉴스 등 관련 자료를 통해 회사의 수익성 개선 내용을 입증해 줄 만한 정황이 있는지 파악해 볼 필요가 있습니다. 아무런 변화 없이 단순히 손익계산서의 지표만 개선된 것이라면 재무제표의 신뢰성에 대한 의심을 해 볼 수도 있습니다.

안정성: 회사의 영업이익은 263억 원이고, 이자비용은 48억 원입니다. 이 경우, 이자보상비율은 5배(263÷48)로 계산됩니다. 영업이익으로 이자를 5번은 갚을 수 있다는 뜻입니다. 바꿔 말하면 지금보다 차입금을 5배까지 늘리더라도 회사가 번 영업이익으로 이자비용을 커버할 수 있다는 의미입니다. 산업평균 이자보상비율(46배)에 비하면 한참 못 미치지만 표준비율이 3배인 것을 감안할 때 회사는 재무적으로 안정적인 것으로 볼 수 있습니다.

재무제표 섞어서 말하기

❶ 재무제표의 상관관계를 이용하여 중요 항목 확인하기

- 손익계산서: 영업이익 263억 원
- 현금흐름표: 영업 활동으로 현금흐름 83억 원 증가
- 재무상태표: 매출채권 246억 원(전기 154억 원)

당기 영업이익은 263억 원인데 비해 영업 활동에 따른 현금 유입액은 83억 원입니다. 매출채권이 전기 대비 90억 원 가량 증가한 것을 보았을 때, 당기의 영업이익 증가분 중 상당 부분은 외상매출이 증가한 데서 기인한 것으로 판단됩니다. 영업이익이 증가했다고 마냥 좋아할 것이 아니라, 매출채권을 과대 인식한 것은 아닌지, 매출채권의 회수 가능성이 낮지는 않은지 다각도로 검토해 보아야 합니다.

❷ 활동성과 수익성 확인하기

요소	재무비율	공식	삼지전자	산업평균	표준비율
활동성	재고자산회전율	매출액 ÷ 평균 재고자산	19.19회	19.18회	6회
	총자산회전율	매출액 ÷ 평균 자산	1.72회	0.87회	1.5회
수익성	총자산순이익률	당기순이익 ÷ 평균 자산 × 100	28%	12.89%	10%
	자기자본순이익률	당기순이익 ÷ 평균 자본 × 100	65%	17.94%	10%

활동성: 재고자산회전율은 19.19회(1,180÷{(63+60)÷2}), 총자산회전율은 1.72(1,180÷{(622+752)÷2})회입니다. 연간매출 1,180억 원을 달성하기 위해 재고자산이 19.19회 회전한다는 의미입니다. 표준비율이 6회인 것을 감안하면 회사가 상대적으로 재고자산을 효율적으로 운용하고 있는 것으로 보입니다. 총자산회전율은 1.72회로 표준비율 1.5회보다 높습니다. 특히, 산업평균비율인 0.87회보다 회전율이 높은 것으로 보아 회사가 현재 자산을 효율적으로 이용하고 있는 것으로 판단됩니다.

수익성: 총자산순이익률과 자기자본순이익률은 각각 28%(192÷{(622+752)÷2}×100)와 65%(192÷{(185+407)÷2}×100)입니다. 총자산순이익률과 자기자본순이익률이 모두 산업평균비율, 표준비율보다 높은 상황입니다. 따라서 회사가 투자한 자산(자본) 대비 수익성이 양호한 것으로 볼 수 있습니다.

회계 말하기 결과

❶ 유동성

회사는 어느 정도 유동성을 확보하고 있는 상황으로 단기간 채무불이행 위험은 낮은 것으로 판단할 수 있습니다.

❷ 안정성

부채와 자본의 비율을 반반으로 유지하고 있으며, 회사의 영업이익으로 이자비용을 충분히 커버할 수 있는 상황으로 건전한 자본구조를 가지고 있습니다.

❸ 수익성

당기 수익성은 전반적으로 좋아 보입니다. 다만, 전기 대비 수익성이 급격히 상승하였고, 매출채권의 비중이 매우 높아졌습니다. 매출채권의 회수 가능성, 가공자산의 인식 가능성 등을 고려해야 할 것입니다.

❹ 활동성

재고자산과 총자산을 효율적으로 활용하고 있는 것으로 분석됩니다.

MEMO

MEMO

MEMO